습관은 반드시 실천할 때 만들어집니다.

유대인 지혜의 습관

무엇이 그들을 강인하게 만들었는가

김정완 지음

좋은습관연구소

유대인들에게 습관이란

유대인들에게는 몸과 영혼의 좋은 습관이라 할 수 있는 '율법(律法)'이 있다. 율법은 종교적, 사회적, 도덕적 생활과 행동에 관하여 신의 이름으로 규정한 규범을 말한다. 한마디로 하나님이 사람의 성품 즉, 인성을 계발하기 위해서 주신 말씀이다. 인성은 '하나님의 형상'이다. 다시 말해 좋은 인성이란 '하나님을 닮는 것'이라 할 수 있다. 그래서 유대인들은 율법대로만 하게 되면 좋은 습관을 갖게 되고 저절로 좋은 인성까지도 갖추게 된다고 믿는다.

탈무드에서는 인간이라면 누구나 '불'을 품고 있다고 말한다(Sotah 17a). 히브리어로 남자를 '이쉬(ish, אִישׁ)', 여자를 '이샤(isha, אִשָּׁה)'라고 부른다. 단어를 살펴보게 되면 공통적으로 불이라는 뜻의 '에쉬(esh, ‎אֵשׁ)'를 품고 있다는 것을 알 수 있다. 불은 일종의 에너지이다. 적절히 통제하여 잘 사용하면 매우 유용한 에너지가 될 수 있지만 방치하게 되면 큰 재앙이 된다. 불을 잘 활용하기 위해서는 난로로 불을 감싸고 그 세기를 조절할 수 있어야 한다. 이때의 불은 물을 끓이는 데도 사용하고 차가운 방을 데우는 데에도 쓴다. 사람도 좋은 인격을 갖춰야 불의 에너지를 개인이나 사회를 위해 잘 활용할 수 있다. 이 인격을 갖추는 데 반드시 필요한 것이 바로 좋은 습관이다.

습관을 제2의 천성이라고도 한다. 후천적으로 만들 수 있다는 뜻이다. 필자가 아는 랍비에 의하면 우리 인간의 본성은 선하지도 악하지도 않은데 다만 유혹에 약한 면이 있다고 한다. 나쁜 것에 끌릴 확률이 높아서 죄에 경도되기 쉽다는 뜻이다. 그래서 인간의 제1 천성을 그대로 두면 마치 방치된 불처럼 개인이나 사회에 해악을 끼치게 된다. 이에 모든 공동체는 교육제도를 만들어서 사람마다 갖고 있는 불의 에너지를 다스리려 한다. 이때 교육은 학습이 주가 되는데 좋은 것을 배우고(學) 익히는(習) 과정을 통해서 체화된다고 볼 수 있다.

유대인이 지키는 율법은 이처럼 무엇을 배우고 익혀야 하는지를 알려주는 좋은 지표 역할을 한다. 그래서 율법에는 매일, 매주, 매월, 매년 반복적으로 지켜야 하는 계명들이 있다. 13세 이상 유대인 남자들은 매일 세 번 기도해야 하고, 모든 유대인들은 매주 안식일을 지켜야 하며, 모든 유대 기혼 여성들은 매월 몸을 정결탕에 담가야 하며, 모든 유대인들은 매년 절기를 지켜야 한다. 이 같은 율법들을 지키다 보면 어느새 하나님이 요구하는 좋은 성품을 갖추게 된다는 것이 유대인들의 주장이다.

이 책을 통해 유대인들의 율법과 계명을 살펴봄으로써 그것에 뿌리내린 그들의 삶과 문화를 엿볼 수 있는 계기를 만들었으면 좋겠다. 나아가 그 안에 감춰진 좋은 습관을 발견하고 이를 우리 삶의 지혜로 응용해보았으면 좋겠다.

좋은 습관은 쉼 없이 떨어지는 물방울과 같다. 그 물방울 앞에 뚫리지 않는 바위는 없다. 좋은 습관은 우리를 탁월함으로 이끈다. 유대인들의 좋은 습관을 거울 삼아 우리 안에 도사리고 있는 악한 욕망을 내려놓고 선한 마음으로 그 공간을 가득 채워보자. 그것이 곧 이 세상의 온갖 것들로부터 스스로를 지키며 행복한 삶으로 나아가는 길이다.

이 책을 읽기 전에

이 책에서 반복적으로 등장하는 주요 경전과 서책들 사이의 관계 그리고 이 책을 읽는 관점 등을 미리 간단히 요약했다.

유대인, 유태인

유대인은 영문 Judea를 우리 말로 옮긴 표기이다. 반면, 유태인(猶太人)은 한자어이다. 과거에는 한자어 표기인 유태인을 더 많이 썼지만 최근 추세는 원발음을 그대로 따른다는 관점에서 유대인을 더 많이 사용한다.

토라, 미쉬나, 미드라시, 탈무드의 관계

토라(Torah)는 구약 성경의 첫 다섯 권의 책인 창세기, 출애굽기, 레위기, 민수기, 신명기 등 총 다섯 권의 책을 한데 묶어 이르는 말이다. BC(기원전) 13세기경 모세가 썼다고 해서 '모세 오경'이라고도 한다. 유대인들에게 토라는 두 가지다. 하나는 위의 모세 오경을 이르는 성문(成文) 토라이고, 다른 하나는 모세 오경을 좀 더 자세히 설명한 구전(口傳) 토라가 그것이다. 성문 토라는 글로 전해진다고 해서 붙여진 이름이고, 구전 토라는 입에서 입으로 전해진다고 해서 붙여진 이름이다. 두 토라 모두 모세가 시내산에서 이스라엘 민족을 대신해 하나님으로부터 받은 것이다.

미드라시(Midrash)는 성문 토라의 주석서이다. 미쉬나(Mishnah)는 AD(기원후, 서기) 200년경에 랍비 예후다 하나시(Yehudah ha-Nasi, 135-217)의 주도로 수많은 랍비들이 참여해 기억에만 의존해오던 구전 토라를 책으로 만든 것이다. 그래서 미쉬나는 여러모로 불분명하고 애매모호한 부분이 많다. 이를 명확히 하고자 후대 랍비들이 약 300년에 걸쳐 질문하고 토론한 내용을 정리한 것이 게마라(Gemara)이다. 이때 미쉬나와 게마라를 합쳐서 다시 책으로 펴냈는데 그것이 탈무드(Talmud)이다.

탈무드에는 두 종류가 있다. 4세기 후반 또는 5세기 초반 이스라엘 지역에서 완성된 예루살렘 탈무드(탈무드 예루살미(Talmud Yerushalmi))가 있다. 다시 그로부터 약 100년 후인 6세기경에 바빌론 지역(지금의 이라크 지역)에서 완성된 바빌로니언 탈무드(탈무드 바블리(Talmud Bavli))가 있다. 이중 바빌로니언 탈무드가 훨씬 자세하고 양이 방대하다. 그리고 쉽게 읽히는 장점이 있어 대부분의 유대인들은 바빌로니언 탈무드를 더 선호한다.

랍비

랍비는 성경을 바탕으로 유대교의 율법을 가르쳐 후대에 전달하는 역할을 하는 사람이다. 일종의 선생님 같은 역할이다. 즉, 현명한 사람이지 무슨 절대적 권력을 갖고 있는 종교적 지도자는 아니다. 그래서 랍비마다 성경을 해석하는 것이 다를 수 있으며 이를 두고 랍비들도 서로 토론을 벌이기도 한다. 이들의 역할은 시대나 장소에 따라 달라져 왔으며 과거에는 분쟁 조정자 혹은 판단자의 역할을 했다. 책에서는 고대나 중세 시대의 랍비의 경우 생몰 연대를 표기했고 생존 랍비의 경우 따로 표기하지 않았다. 유대인들은 과거의 랍비들을 유대의 유산이라고 생각하고 더욱 신뢰하고 인정한다. 그리고 이책에 사용된 현인, 현자, 토라 학자 등은 모두 랍비를 일컫는 말이다.

원전 표기

이 책에서는 유대인들의 습관이 유래된 서책만 괄호를 사용해서 출처를 밝혔다. 출처 표기는 히브리어 대신 영문으로 표기했다. 이 책 이후로 원전에 대한 정보를 좀 더 얻기 위해선 히브리어보다는 영문으로 표기하는 것이 더 나을 것이라는 판단 때문이다. 출처 표기는 일반적인 권과 절의 표시 규정을 따랐고, 탈무드는 각 서책의 영문 이름과 폴리오(folio, 짝으로 된 페이지, 탈무드에서는 보통 2a, 2b, 3a, 3b와 같이 짝으로 페이지 표기를 했다)를 표시했다.

마지막 당부의 말씀

이 책에 포함된 해석과 해설은 필자인 나의 학습과 랍비로부터 받은 교육을 바탕으로 하고 있다. 해석과 문헌에 대한 기록은 보는 이에 따라 다를 수 있음을 미리 밝힌다. 그리고 이 책에 틀린 내용이 있거나 출처 표기의 오류가 있다면 오로지 나의 부족한 공부 탓이다. 심심한 이해를 구한다.

차례

질문

유대인 최고의 습관

질문하는 습관은 유대인들만의 독특한 문화 중 하나다. 세계에서 유대인들보다 질문을 많이 하는 사람들이 있을까? 2010년 8월 한국을 방문해 〈탈무드 지혜 교육 노하우〉라는 제목으로 열린 국제 학술 대회에서 랍비 마빈 토케이어(Marvin Tokayer)는 5천 년 유대 민족의 교육 비밀을 '질문'이라고 했다. 유대인 출신의 천재 물리학자 아인슈타인도 절대 멈추지 말아야 할 것은 질문하는 것이라고 했다. 한마디로 질문은 유대인들에게서 빼놓을 수 없는 첫 번째 습관이자 문화라 할 수 있다.

위키피디아의 자료를 보게 되면 노벨상이 시작된 1901년부터 지난 2020년까지 유대인 출신 수상자는 무려 210명이나 된다. 그 기간에 노벨상을 받은 개인과 단체는 총 951명이다. 951

명 중에 210명이 유대인이니 무려 22%에 해당한다. 우리나라의 경우 2000년에 고 김대중 대통령이 수상한 노벨평화상이 유일하다. 인구수로 따지면 유대인들의 경우 7.5만 명 중 1명이 노벨상을 받았다. 그에 비하면 한국은 5,000만 명 중 이제 겨우 1명에 불과하다. 세계 어디를 가도 머리 좋고 똑똑하다는 소리를 듣는 우리 민족으로서는 도저히 납득할 수 없는 수치다. 유대인들이 세계 경제를 주무르고 엄청난 부를 차지하고 있다는 사실도 이제는 더 이상 놀랄 일도 아니다. 전 세계 인구의 0.2%밖에 안 되는 유대인들은 어떻게 그 같은 성공을 할 수 있었을까? 무엇이 이들을 강인하게 만들었을까?

이에 대한 세간의 호기심은 유대인 교육에 쏠리고 있다. 유대인들에게 교육의 시작과 끝은 질문이다. 유대인들은 어렸을 때부터 신앙 교육과 함께 질문하는 훈련을 자연스럽게 받으며 성장한다. 그래서 유대인 엄마들은 등교하는 자녀에게 모르는 것이 있으면 선생님에게 반드시 질문을 하라고 당부하고 하교한 자녀에게는 오늘 학교에서 어떤 질문을 했는지 묻는다. 이에 반해, 한국의 엄마들은 유대인 엄마들과 다르게 선생님 말씀을 잘 들으라고만 아이들에게 가르친다. 유대인 엄마들이 지식의 비판적 태도에 초점을 맞추고 있다면 한국 엄마들은 지식의 수용적 태도에 더 관심이 많다. 그리고 아이들조차도 질문을 많이 하게 되면 친구들 사이에 튀는 아이로 찍혀 교우 관계가 어려워진다고 여긴다. 그러다보니 우리에게 질문 문화는 낯설고 어색한 문화다. 이는 오랜 문화의 차이로 누가 더 낫다 못하다를 논할 수 있는 문제는 아니다. 하지만 우리와 달리 유대인들은 어느 누구에게나 질문하기를 장려하고, 얼마나 양질의 질문을 하느냐로 우수 학생을 평가한다. 이 같은 질문 문화가 지금의 우수한 유대인을 만들었다 것에는 어느 누구도 이의를 달지 않는다.

유대인들의 교육적 성과가 질문에서 비롯되었다는 것을 뒷받침하는 예가 있다. 지난 2013년 KBS에서는 〈공부하는 인간, 호모 아카데미쿠스〉라는 다큐멘터리 프로그램을 통해 전 세계인들의 공부 문화를 조명한 적이 있다. 가장 눈길을 끌었던 장면은 한국인 미혼모의 딸로 태어나 생후 6개월 만에 미국의 유대인 가정에 입양된 릴리 마골린에 대한 이야기이다. 다큐멘터리 촬영 당시 릴리는 하버드 대학교 3학년이었다. 릴리는 다큐멘터리에서 유대인 수양아버지 힐 마골린으로부터 받았던 교육을 자세히 털어놓았다.

릴리는 아버지로부터 늘 질문하는 훈련을 받았다고 했다. 그중에는 "왜?"라는 게임이 있었다. 게임의 룰은 매우 간단했다. A와 B가 있다. 먼저 A가 "기차는 길다"와 같이 한 문장을 말하면 B는 "왜?"라고 묻는다. 그 질문에 A가 답을 하면 다시 B가 "왜?"라고 묻기를 반복하는 방식이다. 이렇게 다섯 번 정도 "왜?"라는 질문에 답을 하다 보면 깊은 생각에 이르게 된다고 릴리 마골린은 말했다. 릴리의 놀라운 학업 성적 뒤에는 유대인 양부모들의 질문을 중심으로 한 유대 교육이 있었다고 할 수 있다. 릴리는 이후 학교를 졸업하고 구글에 입사했다고 한다.

구글도 질문하는 문화가 대단히 자연스러운 기업이다. 구글의 창립자는 세르게이 브린과 레리 페이지인데 이들도 유대인이다. 유대인이 설립한 회사는 하나같이 질문이 회사의 주요 문화로 자리 잡혀 있다. 두 사람은 스탠퍼드 대학교 대학원 박사 과정에서 처음 만났고 질문과 토론을 즐기던 친구 사이였다. 그들은 탈무드의 색인 생성 방식을 응용해 검색 엔진을 만들었고 1998년에 공동으로 구글을 설립했다. 그리고 몇 년 후 세계 최고 IT기업의 반열에 올랐다. 『구글드』라는 책에 따르면 구글의 엔지니어들은 질문하는 데 주저함이 없다고 한다. 언제 어디서나 질문을 던지고 그것에 대해 누구하고나 토론이 가능하다고 한다. 한때 SNS에서 신규 직원을 채용할 때 구글의 인터뷰 질문이 화제가 됐던 적이 있다. 논리력과 순발력을 테스트하는 질문이었는데 다소 황당한 질문들도 있었다. 이 모두는 구글의 질문 문화를 잘 보여주는 사례라고 할 수 있다.

유대인들의 독서 습관도 질문과 무관치 않다. 이와 관련된 이야기를 한 번 살펴보자. 어느 날 젊고 우수한 학생이 랍비를 찾아왔다. 그리고 지난 6년 동안 얼마나 열심히 탈무드 공부를 했는지 랍비에게 설명하고 자신을 시험해달라고 말했다. 랍비는 탈무드의 책장을 넘기다가 어느 한 부분을 가리키며 물었다. 거기에는 아주 어려운 논쟁이 실려 있었다. 학생은 논쟁에 대해 정확하게 설명했다. 그런데 랍비는 "자네는 잘못 알고 있네"라고 말했다. 이어서 다시 책장을 넘기던 랍비는 또 한 부분을 가리키더니 거기에 쓰여 있는 내용에 대해서도 마찬가지로 질문을 했다. 그것은 더욱 어려운 논쟁을 담고 있는 문제였다. 학생은 거침없이 무엇이 쓰여 있고, 어떤 것이 쟁점이며, 어떤 해석이 도출되었는지 자신 있게 대답했다. 그런데 이번에도 랍비는 "자네는 여전히 틀렸네"라고 말했다. 학생이 계속 의아해하자 랍비는 학생에게 자신이 틀렸다고 한 이유에 대해 이렇게 말해주었다.

"책을 많이 읽어도 단지 읽었다는 것만으로는 나귀가 많은 책을 등에 지고 있는 것과 다를 바가 없다네. 나귀가 아무리 많은 책을 등에 지고 있어 봤자 나귀 자신에게는 아무런 쓸모가 없지 않은가. 책의 가르침을 받는 것이 아니라 책을 통해 질문을 얻는 것이 중요하다네." 책을 읽는 목적을 정보나 교훈을 얻는 것이 아닌 질문을 얻는 것으로 본다는 점에서 무척 인상 깊은 이야기라 할 수 있다. 책의 내용을 그대로 수용할 게 아니라 질문을 통해 비판적으로 바라보며, 그 내용을 뛰어넘는 새로운 도전에 나서라는 독려의 뜻이 담겨 있다. 세상 어떤 책도 완성된 게 아니라면 내용을 그대로 수용하지 말고 질문을 던짐으로써 새로운 창조에 나설 수 있다는 뜻이다.

사실 유대인들에게 질문은 신앙적으로도 필수 불가결한 일이다. 여기서 한 가지 드는 의문은 '신앙은 믿음인데 질문하는 것이 과연 합당한가?'이다. 질문하는 것을 신의 권위에 도전하는 것으로 잘못 생각하는 경우가 있다. 특히 기독교에 이런 관행이 있다 보니 교회에서는 질문하는 것을 결코 장려하지 않는다. 예수님의 부활을 믿지 못해 예수님의 몸에 난 상처에 손가락을 찔러 넣었던 도마는(요한복음 20:25-26) 의심 많은 신앙인의 전형으로 치부되곤 한다. 이런 사람들은 교회에서 믿음 없는 사람으로 여겨져 결코 환영을 받지 못한다. 그러나 유대인들은 반대로 토라(Torah)가 질문을 장려한다고 믿는다. 토라는 지금으로부터 3300년 전 모세가 기록한 다섯 개의 성경 책인 창세기, 출애굽기, 레위기, 민수기, 신명기를 통틀어 이르는 말이다. 하나님 말씀 중에서도 핵심 중의 핵심이라고 할 수 있다. 토라는 613개 율법을 주요 근간으로 하고 있다. 율법을 제대로 지키려면 반드시 자세히 배우고 충분히 이해해야 한다. 그리고 의문이 풀리지 않는 것에 대해서는 끊임없이 질문을 해야 한다. 질문을 통해서 의문을 해소하지 못하면 율법들을 일상 삶에서 지키지 못하게 된다. 토라를 학습하거나 율법을 삶에 적용하는 과정에서 질문이 필수 중의 필수인 이유다.

사진 1 - 두루마리 형태의 토라

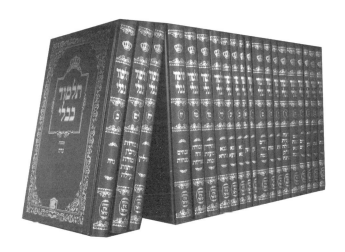

사진 2 - 바빌로니언 탈무드

토라 레위기 10장 16절에는 별 마크가 있다. 이에 대해 탈무드에서는 그 별표가 토라의 한가운데를 의미한다고 말한다(Kiddushin 30a). 재미있는 것은 그 별 마크를 중심으로 앞뒤 글자가 동일하다는 것이다. 별을 중심으로 양쪽에 있는 글자가 דרש(다라쉬)라는 단어인데 그 뜻이 '묻는다' 또는 '질문하다'이다. 그래서 별표가 있는 구절(דרש * דרש)을 우리말로 바꾸면 '묻고 또 물었다'의 의미가 된다. 즉, 토라의 정중앙 가장 가까이 있는 두 단어가 공교롭게도 '묻다'라는 단어가 자리하고 있어서 유대 현자들은 토라 전체가 끊임없이 질문의 주위를 돌고 있다고 이해한다. 다시 말해 하나님 말씀인 토라를 더욱 깊게 파고들기 위해서는 멈추지 않고 질문을 계속해야 한다는 것을 뜻한다. 실제로 유대교에서는 경전인 토라와 탈무드를 공부할 때 반드시 지켜야 할 제1 원칙으로 "언제 어디서든 질문하라"를 가르친다. 이처럼 유대인들은 배움이 질문에서 비롯된다고 믿기 때문에 배움이 없는 종교는 미신일 뿐이라고 생각한다.

유대인들은 질문을 통해 율법이 진짜로 말하고자 하는 바를 이해하고 상황에 따라 율법의 해석을 어떻게 달리 할지 정해왔다. 즉, 삶 속에서 율법을 실천하다 의문이 떠오르면 반드시 질문하고, 답을 찾아 바르게 적용하려는 노력을 게을리하지 않았다. 이것을 보여주는 좋은 사례가 있다. 신앙심이 남달랐던 유대인 우주 비행사가 있었다. 우주왕복선을 타고 지구 대기권을 벗어난 그는 지구를 90분마다 한 번씩 돌게 되었다. 그런데 문제는 안식일(샤밧, Shabbat)을 어떻게 지키느냐였다. 유대인들에게는 7일째 되는 날에 반드시 안식일을 지켜야 하는 율법이 있는데, 지구 밖 우주 공간에 떠 있는 그의 눈에 90분마다 태양이 보였다 안 보였다 하므로 이것을 하루로 삼아 지구를 일곱 번 돌 때마다 안식일을 지켜야 하는지에 대한 의문이 생긴 것이었다. 그는 이 율법을 우주 공간에서는 어떻게 지켜야 할지 지상에 있는 랍비에게 질문을 했다. 그러자 랍비는 지구 날짜로 계산해서 안식일을 지키라고 조언해 주었다. 그는 다시 지구의 어느 시간대에 맞춰 안식일을 지켜야 하느냐고 물었다. 시간대가 정해져야 안식일이 시작되는 시각을 알 수 있기 때문이다. 랍비는 그에게 지구에서 가장 마지막 머문 도시, 즉 우주 왕복선을 타기위해 로켓이 쏘아 올려진 도시의 시간대에 맞춰서 안식일 지키라고 조언해 주었다. 이처럼 율법을 삶 속에서 반드시 실천하기위해서 질문은 유대인들에게 필수 불가결한 것이다.

율법을 배울 때나 실천할 때 등 항상 궁금증이 생기면 유대인들은 토라와 탈무드를 전문적으로 배우고 가르치는 랍비들에게 질문하기를 주저하지 않는다. 혹시라도 수줍음 때문에 묻기를 주저하는 사람이 있다면 탈무드는 이를 호되게 질책한다(Pirkei Avot 2:5). 질문하는 습관과 문화는 유대 문화를 이해하는 매우 중요한 포인트다. 만약 유대인들에게 율법 준수의 의무가 없다면 위에서 사례로 들었던 유대인 우주 비행사가 안식일을 어떻게 지켜야 할지 랍비에게 질문할 이유도 없었을 것이다. 하지만 유대인들에게 율법은 반드시 지켜야 할 하나님의 명령이기 때문에 이를 실천하는 과정에서 떠오르는 궁금증을 질문을 통해 해결하고 이를 생활 속에 적용하려고 노력한다. 현대인의 삶은 율법이 만들어지던 과거와는 달리 매우 복잡다단해졌다. 따라서 토라에서 말하는 삶의 진리를 그대로 적용하기엔 무리가 있다. 반드시 질문을 통해서 율법을 지키는 방법에 대해 끊임없이 조언을 구하지 않으면 안 된다.

유대인들의 질문하는 습관은 오랜 시간이 지나면서 유대교를 믿는 정통파 유대인들뿐만 아니라 유대교를 믿지 않는 일반인들에게까지도 익숙한 문화가 되었다. 나아가 질문은 종교 교육은 물론이고 일반 교육에도 도입되면서 창의적 인재를 양성하는 매우 중요한 방법으로 활용되고 있다. 국내에서는 유대인들의 질문 습관을 하나의 교육법으로 이해하고 이를 소개하는 책들이 많이 출판되고 있다.

질문은 후천적인 훈련으로 습관으로 만들 수 있다. 아무리 질문이 좋다고 알고 있어도 훈련하지 않으면 금방 습관이 되지 않는다. 이는 유대인들에게도 예외가 아니다. 지난 2015년 10월 이스라엘 정부 산하 울프 재단의 리타 벤 데이비드 대표가 한국을 방문한 일이 있었다. 데이비드 대표는 뛰어난 과학자와 예술

가를 많이 배출하는 이스라엘 교육의 핵심을 묻는 기자들의 질문에 다음과 같이 답을 했다. "전 세계의 사람들이 유대인 교육이 질문에서 시작해 질문으로 끝난다는 것을 잘 알고 있지만, 이스라엘 학생들이 계속해서 질문을 하게 된 데에는 후천적 노력이 더해진다는 사실은 잘 모릅니다. 처음부터 질문을 잘하는 사람은 없습니다. 질문하는 것도 배우고 훈련해야 잘할 수 있습니다." 그는 이어서 질문 없는 교실의 책임을 교사에게서 찾았다. "질문이 사라진 조용한 교실은 잘 가르쳐서가 아니라 잘못 가르쳐서 그렇다는 것을 교사들이 인식해야 합니다. 교사들이 질문이 없는 교실을 부끄러워하고 끊임없이 해결책을 고민해야 제대로 된 교육이 이뤄질 수 있습니다. 학생들이 수업 시간에 질문하지 않는다면 그것은 학생들의 문제가 아니라 교사 또는 그의 교육 방법에 문제가 있다고 봐야 합니다." 여기서 교사는 비단 학교의 선생님만 가리키는 것은 아니다. 부모도 여기에 해당된다.

질문은 후천적인 기술이다. 질문은 타고난 것이 아니기에 누구나 훈련 받으면 좋은 질문을 할 수 있다. 학생들이나 자녀들이 질문을 잘하게끔 유도하려면 격려와 칭찬을 아끼지 말아야 한다. 우리는 보통 주어진 질문에 정확한 답을 할 때 칭찬하는 경우가 많은데, 그것보다는 아이가 양질의 질문을 할 때 더 많은 칭찬을 해주는 것이 중요하다.

지혜의 근원에는 질문이 있다. 얼마나 올바른 질문을 하느냐에 따라 얼마나 올바른 선택을 할 수 있느냐가 결정된다. 우리가 살면서 만나는 모든 문제에 대해 질문을 던져보자. 삶을 살아가는데 반드시 필요한 혜안을 얻을 수 있다.

대화

인격과 의견을 분리할 줄 아는 습관

우리나라는 사회적 갈등으로 인해 치르는 사회적 비용이 너무 많다. 2016년 한국경제연구원이 발표한 국가별 사회갈등지수에 따르면 한국은 OECD 27개국 가운데 멕시코와 터키 다음으로 갈등 지수가 높은 나라로 나타났다. 알다시피 우리는 하루에도 몇 번씩 언론을 통해서 지역, 노사, 빈부, 세대, 성별, 나이, 이념에 따른 갈등을 뉴스로 듣고 있다. 이런 갈등들이 건전한 토론으로 이어지며 합리적인 결론을 도출하는 사회적 소통으로 이어지면 좋을 텐데 아직은 생산적인 토론이라기보다는 서로 흠잡고 말꼬리 잡는 언쟁에 불과하다는 생각을 지울 수가 없다.

이 같은 불통 문제를 해결할 방법은 단 하나, 바로 대화의 활

성화다. 소통을 통한 갈등 해결에 있어 대화만큼 중요한 것이 없다는 것을 모르는 사람은 없다. 소통 잘하는 법을 배우려면 대화와 토론을 즐기는 유대인들을 살펴보면 된다. 유대인들에게 토론과 대화는 질문 습관의 연장이라고 할 수 있다. 대화를 즐기고 대화를 통해 합리적인 의사 결정을 내린다는 유대인들, 이들에겐 어떤 대화의 비밀이 숨어 있는 걸까?

첫째, 그들은 누구에게나 질문의 권리를 인정한다. 앞에서도 말했듯이 질문은 유대인들에게는 죽고 사는 문제와 직결되어 있다. 어떤 율법에 대한 의문이 생겼을 때 그걸 해결하지 않으면 엄격한 처벌을 받는다. 그리고 종교적으로는 형벌과 같은 최악의 경우를 맞이하기도 한다. 이 같은 종교적 배경 때문에 유대인들에게 질문의 권리는 무척이나 중요하다. 질문은 대화의 불을 댕기는 기폭제가 된다. 그래서 유대인들에게 대화는 활활 타오르는 불과 같다. 전 세계 사람들이 제일 시끄러운 사람들 중 하나로 이스라엘인들을 꼽는 이유가 이 때문이다.

둘째, 그들은 대화를 할 때 인격과 의견을 분리할 줄 안다. 우리는 대화를 하다가 상대가 자기 의견에 반대라도 하게 되면 화부터 내는 경우가 있다. 그러다 대화가 악화되면 주먹다짐에 칼부림까지 하기도 한다. 아무리 친한 사이라도 어떤 사안에 대해 의견이 다를 수 있다. 그런데 의견이 다르다는 것을 두고 마치 자기를 반대하거나 자기를 싫어한다고 오해하는 경우가 있다. 이것은 인격과 의견이 분리되지 않아 생기는 문제다. 대화나 토론을 할 때 말과 표정 또는 제스처로 상대의 인격을 무시하거나 모욕감이 들게 해서는 안 된다. 반대 의견을 말해야 하는 상황이라면 "좋은 의견이시네요. 어느 정도 그 말씀에 동의하지만 제 생각은 약간 다릅니다"라고 완곡하게 말할 필요가 있다. 이런 대화 습관을 유대인들은 어릴 적부터 훈련받는다.

셋째, 하나님 앞에서 모든 사람은 인격적으로 동등하다는 사상이다. 유대인들이 질문을 하고 대화를 하고 때때로 격렬한 토론을 벌이면서도 아무 일 없었다는 듯 끝나는 것은 그들의 사상 속에 모든 사람들의 인격은 동등하다는 생각이 기본적으로 깔려 있기 때문이다. 유대인의 율법인 토라에는 모든 인간은 하나님의 형상을 닮아 창조되었음을 분명히 밝히고 있다. 따라서 한 인격이 다른 인격보다 더 나을 수는 없다. 즉, 지위 고하를 막론하고 누구나 똑같은 대화의 상대자가 될 수 있다. 부모와 자녀, 선생님과 학생, 장군과 사병, 사장과 신입 사원과 같이 상하 관계가 뚜렷할지라도 인격은 동등하기 때문에 서로 존중받아야 마땅하다. 인간 사회에서는 언제 어디서나 빈부, 남녀, 장유, 학력 등 수많은 요소에 의해 권력 관계가 만들어진다. 권력을 조금이라도 더 갖게 되면 '갑질'의 유혹에 빠지게 된다. 유대인이 가장 존경하는 랍비인 힐렐(Hillel, BC110-AD10)은 이렇게 말했다. "네가 싫어하는 일을 다른 사람에게도 시키지 말라(Shabbat

31a)." 유대인 엄마는 생후 며칠밖에 안 된 갓 난 아기에게조차도 마치 친구에게 말하듯 질문으로 대화를 시작한다. "엄마가 기저귀를 갈아도 될까?" 그렇게 질문한다고 해서 아이가 알아듣는다는 보장은 없다. 하지만 유대인들은 개의치 않는다. 갓 태어난 아이라도 아이의 인격은 자신과 동일하다고 생각하기 때문에 존중의 표시로 의사를 묻는 시늉을 한다.

넷째, 유대인들은 늘 '함께' 대화하도록 격려받는다. 탈무드에서는 토라를 혼자서 연구하는 자는 어리석게 되리라고 했다(Berachot 63b). 혼자 공부하다 자칫 잘못하면 독단과 독선에 빠지기 쉽다는 것을 경고하는 문구다. 이 말은 누구나 자기 의견이 맞다고 생각하고 행동할 수 있기 때문에 스스로 결점을 찾아내 수정하기는 쉽지 않다는 것을 뜻한다. 유대인들은 저녁 식사 자리에서도 부모와 자녀 사이에 다양한 이슈를 두고 대화를 나누곤 한다. 온 가족이 식탁에 둘러앉아 이런저런 질문을 주고받으며 이야기를 나누다 보면 서로를 더욱 잘 알게 된다. 이때 특히 토라의 말씀을 나누는 경우가 많다. 이는 탈무드에서도 적극 권장하는 내용이다. "만약 세 사람이 같은 식탁에 앉아서 토라 말씀을 주고받으면 하나님의 식탁에서 먹는 것과 같다(Pirkei Avot 3:3)." 그래서 유대인들의 저녁 식사 시간은 보통 한 시간에서 두 시간으로 우리보다 훨씬 길다. 느긋하게 식사를 하면서 천천히 대화를 즐긴다.

지금까지 총 네 가지 정도로 유대인들의 대화 습관을 살펴보았다. 유대인들의 대화는 한마디로 삶의 중요한 즐거움 중 하나다. 하지만 즐거움을 지키기 위해서는 지켜야 할 중요한 대화의 원칙이 있다는 것을 유대인들은 잊지 않는다. 누구나 자신의 생각을 말할 수 있고 그 생각이 상식을 벗어나지 않는다면 존중받아야 마땅하다. 하지만 우리는 나와 생각이 다르다는 이유로 그 사람을 틀린 사람으로 낙인을 찍곤 한다. 이는 인격과 의견을 분리할 줄 모르는 태도에서 빚어진 결과다. 타인의 생각과 입장을 존중하고 다름을 인정할 줄 아는 것. 유대인으로부터 배워야 할 또 한 가지 중요한 습관이다.

논쟁

진실을 탐구하는 습관

유대인들은 토론을 즐길 줄 안다. 그래서 어디서나 둘 이상이 모이면 토론으로 날 샐 줄을 모른다. 식당에 앉아 있다가 날아다니는 파리를 보고서도 토론 거리를 찾아 신나게 떠드는 사람들이 유대인이다.

토론은 정반대 의견을 가진 사람과 하는 일종의 설득 게임이다. 그래서 일정 부분 토론에는 싸움의 속성이 있다. 우리는 이를 논쟁(論爭)이라고도 한다. '논리로 다툰다'라는 뜻이다. 탈무드는 세상에 건전한 비판이 건재하는 한, 거기에는 감사와 축복이 함께 할 것이고 악은 철저히 제거될 것이라고 말했다 (Tamid 28a). 상호 건전한 비판이 가능해야 자신의 오류를 찾아내거나 더 나은 아이디어를 발견할 수 있다는 뜻이다.

나는 지난 2019년 이스라엘의 에프랏 지역에 위치한 마하나임 예시바에서 한 달 동안 유대인 랍비와 학생 사이에 섞여 탈무드를 집중적으로 공부한 적이 있다. 예시바(Yeshivah)는 유대인 전통 교육 기관으로 탈무드와 토라 등을 가르치는 곳이다. 예시바에는 모든 학생들이 모여서 공부하는 커다란 학습실인 베이트 미드라시가 있다. 이곳에서 학생들은 둘씩 또는 여럿이 짝을 지어서 탈무드를 앞에 두고 치열하게 토론을 벌인다. 이곳은 일종의 떠드는 도서관으로 수많은 학생들이 내는 백색 소음으로 가득 찬 곳이다. 한 번은 유대인 친구와 공부를 하고 있는데 조금 떨어진 곳에서 두 학생이 서로 마주 보면서 얼굴이 상기된 채 제법 큰 소리로 토론을 하고 있었다. 그 모습이 마치 싸

사진 3 - 예시바에서 공부중인 학생들

우는 것 같아 깜짝 놀랐다. 한 학생이 왼손 검지로는 탈무드 본문을 가리키고 눈으로는 따지듯 상대의 눈을 똑바로 바라보며 큰 목소리로 떠들고 있었다. 상대방도 이에 질세라 큰 소리로 맞받아치고 있었다. 내가 보기에는 마치 큰 말다툼이 붙은 것처럼 아슬아슬해 보였다. 너무 소란스러워 누군가가 조용히 하라고 소리칠 법도 한데 그들을 말리는 사람은 아무도 없었다. 더욱 놀라운 것은 마치 자주 벌어지는 일인 양 모두가 자기 공부에만 몰두하고 있었다.

함께 탈무드를 공부하는 학생에게 왜 저러는지를 물어봤다. 그는 잠깐 웃어 보이더니 이렇게 대답했다. "탈무드를 배우는 사람들에겐 특별한 일도 아닙니다. 탈무드에서는 서로 다른 의견을 갖고 있으면 서로를 설득하기 위해 최선을 다해 자기주장을 펼치라고 가르칩니다. 싸우는 듯 보이지만 걱정할 필요는 없습니다. 토론이 끝나면 언제 그랬냐는 듯 다시 사이좋게 지냅니다." 이런 모습이 무척이나 낯선 나에게는 자기 의견을 강하게 말하느라 목에 핏대를 세우고 있는 예시바 학생들의 모습은 이채로울 수밖에 없었다. 하지만 이런 모습은 탈무드 전문 교육기관인 예시바에서는 흔하디흔한 장면이라고 할 수 있다.

유대인들이 탈무드를 공부할 때 가장 먼저 접하는 피르케이 아보트(Pirkei Avot, 탈무드 서책 중 인성의 주제를 가장 많이 다루는 책)를 보게 되면 논쟁의 목적과 관련해 다음과 같은 구절이 나온다.

> 하늘을 위한 논쟁은 오래가고
> 하늘을 위하지 않은 논쟁은 오래가지 않는다
> 하늘을 위한 논쟁은 힐렐과 샴마이의 논쟁이고
> 하늘을 위하지 않은 논쟁은 고라의 논쟁이다.

(Pirkei Avot 5:17)

이 구절을 보게 되면 논쟁에는 하늘을 위한 논쟁이 있고, 그렇지 않은 논쟁이 있다는 것을 알 수 있다. 여기서 '논쟁'이라는 말은 '마흐로케트(Machloket)'라는 히브리어로 '반대 의견'이라는 뜻을 가지고 있다. 예를 들어, 어떤 사람이 "바다는 파랗다"라고 말할 때 다른 사람이 "바다는 파랗지 않다"라고 반대 의견을 제시한다면 두 번째 사람의 의견이 바로 마흐로케트인 것이다. 앞서 탈무드 구절을 다시 해석해보면 '하늘을 위한 반대는 오래가지만 반대를 위한 반대는 오래가지 않는다'는 뜻이다. 즉, 사리사욕을 관철시키기 위한 반대를 결코 해서는 안 된다는 경고의 뜻을 담고 있다. 여기서 '하늘'은 진실(Truth)을 말한다.

실제로 탈무드에는 어떤 랍비가 말하면 다른 랍비가 그에 반대하는 의견을 제시하는 장면이 자주 등장한다. 이때 랍비들이 벌이는 논쟁은 진리를 위한 논쟁일 뿐 말싸움에서 이기기 위한 언쟁은 아니다. 랍비들은 자기 의견을 관철하려고 애쓰지만

'하늘'이라는 논쟁의 목적을 결코 잊지 않는다. 즉, 진리 또는 공공선이라는 목적을 명확히 인식하고 논쟁을 한다.

논쟁 연습을 하려면 한 사람이 간단하게 자기 의견을 피력하고 상대방은 그것에 정반대되는 의견을 제시하면 된다. 이어서 각자 왜 그렇게 생각하는지 말하면서 논리적인 설득을 해나가면 된다. 단, 억지를 부리거나 정당한 논거, 합리적 추론 없이 이야기해서는 안 된다. 그리고 상대방의 좋은 의견에 설득당하는 것도 논쟁이 언쟁으로 빠지지 않는 방법 중 하나가 된다. 상대의 의견이 더 진실에 가깝기 때문에 스스로의 의견을 철회하는 것일 뿐이다.

논쟁은 참여자뿐만 아니라 논쟁을 지켜보는 제3자에게도 사안을 더 잘 이해할 수 있도록 도와준다. 이 같은 장면이 가장 활발하게 일어나는 곳이 재판정이다. 피고와 원고는 치열하게 논쟁을 주고받으면서 제3자인 판사에게 진실을 알리기 위해 최선을 다한다. 판사는 그 과정에서 모인 진실의 조각들을 보고 판결을 내린다. 이때 판결은 정의를 의미한다. 잘잘못을 가리고 그에 따른 상벌을 매기는 것이다. 그래서 논쟁의 과정은 진실을 파헤쳐서 궁극적으로 정의와 평화를 구현하는 것이라고 할 수 있다.

하브루타

최고의 공부 습관

지난 2016년 미국 LA에서 랍비 한 분을 만난 적이 있다. LA에 간 목적은 그 랍비가 쓴 책을 한국어로 번역하고 출판하는 일을 상의하기 위해서였다. 우리 일행은 장장 11시간의 긴 비행을 거쳐 랍비를 만날 수 있었다. 그런데 랍비는 첫 대면에서 멀리서 찾아온 우리를 보는 둥 마는 둥 하더니, 자리에 앉기가 무섭게 자기가 보던 책 얘기만 한참 동안 하는 게 아닌가! 보통은 멀리서 손님이 찾아오면 읽던 책도 잠시 멈추고 인사치레를 하는 게 상식인데 말이다. 그 후 우리는 몇 차례 더 랍비를 만날 수 있었는데 그때마다 랍비는 빼놓지 않고 자신이 읽고 있던 책 이야기부터 들려주었다. 한 번은 그가 참석하는 회당을 같이 방문한 적이 있었다. 회당 곳곳에 어마어마한 양의 책이 꽂혀 있길래

내가 무척 놀란 표정을 짓자 랍비는 대뜸 "You don't know(몰랐어)?" "We are the people of books(우리는 책의 민족이야)"라고 말하는 것이었다.

유대인들의 책에 대한 사랑은 이스라엘 현지의 예시바에서도 쉽게 목격할 수 있었다. 내가 공부했던 예시바의 여러 공간 중 도서관 역할을 하는 베이트 미드라시에는 온 사방이 토라와 탈무드 관련 책들로 꽉 차 있었다. 내가 방문했던 제법 큰 인근의 또 다른 예시바에서도 12세기 필사본 성경 책에서부터 15세기에 만들어진 초창기 인쇄본 토라와 탈무드까지 빼곡히 꽂혀 있는 것을 볼 수 있었다. 어떤 곳은 학습실은 물론이고 학생들이 공부하는 책상마다에도 책들이 산처럼 수북이 쌓여 있는 것을 볼 수 있었다. 현지에서 우리를 안내한 랍비는 토라와 탈무드 관련 책만 예시바마다 수만 권이 넘는다고 말해주었다. 그리고 재미있는 이야기도 하나 들려주었는데 양피지 두루마리로 된 토라가 너무 오래되어 사용을 못 하게 되면 마치 죽은 사람처럼 관에 넣어 장사를 지낸다고도 한다. 유대인들의 지독한 책 사랑을 엿볼 수 있는 대목이었다.

예시바가 있던 동네 초입의 버스 정류장에서도 유대인들의 책 사랑을 볼 수 있었다. 버스를 기다리는 동안 책을 마음대로 읽을 수 있게 정류장 뒤편에 무인 책 부스를 설치해 둔 것을 보았다. 주민들 말로는 진열된 책은 누구나 골라 읽고 아무 때나

갖다 놓을 수 있다고 했다. 내가 머물던 예시바의 기숙사 서가도 예외는 아니었다. 그곳에서도 수백 권의 책을 만날 수 있었다. 이처럼 이스라엘 곳곳에서는 어디를 가나 책이 넘쳐났다. 하루는 어느 랍비의 집을 갈 기회가 있었는데 역시 그곳에서도 어마어마한 양의 책이 거실 서가에 잔뜩 있는 걸 볼 수 있었다. 한마디로 거실이 도서관이었다.

책에 관한 유대 격언에 다음과 같은 말이 있다. "책을 너의 벗으로 삼고, 책꽂이를 너의 뜰로 삼아라. 그리고 그 아름다움을 즐기고, 열매를 따 먹으며, 꽃을 즐기도록 하라." 그리고 탈무드에는 "너희의 집이 현인들을 위한 만남의 장소가 되게 하라(Pirkei Avot 1:4)"라는 말이 있다. 여기서 현인들을 위한 만남의 장소가 된다는 말은 집을 책으로 가득 채운다는 것을 뜻한다.

어떤 유대인은 책에 대한 존경심을 표현하기 위해 아이들에게 책을 함부로 대하지 못하도록 가르치기도 한다. 책을 깨끗이 쓰되 함부로 찢거나 낙서해선 안 되며 책을 다른 용도로 사용하려고 훼손해서도 안 된다고 가르친다. 책은 항상 제목이 바로 보이도록 책상에 놓아야 하고 물기가 있는 곳을 피해야 하며 비에 젖지 않도록 품에 안아야 한다는 것이다. 특히 성경책은 그 위에 다른 책을 올려놓아서도 안 된다고 가르친다. 이처럼 유대인들은 책에 대한 예의를 매우 구체적으로 자녀들에게 가르친다. 그리고 책을 읽는 사람은 책에서 얻은 정보와 지혜에 대해 감사하는 마음을 항상 가져야 한다는 것도 잊지 않고 가르친다.

유대인들의 독서 습관은 자연스레 하브루타(Havruta)로 이어지고 하브루타는 더 많은 독서 욕구를 자극한다. 하브루타는 유대인들의 전통적인 학습 방법을 뜻하는 말로 글자 그대로는 '우정'이나 '동료'를 의미한다. 지금은 동료와 질문과 토론을 통해 공부하는 학습법으로 인식되고 있다. 좀 더 정확히 말하면 본문(text)를 가운데 두고 두 사람이 본문의 내용에 근거하여 치열하게 묻고 대답하고 때로는 논쟁을 벌이는 것을 말한다. 하브루타는 탈무드를 공부할 때 사용하는 학습법으로 유대교의 종교 학교인 예시바에서 주로 사용한다.

하브루타의 문화 코드 때문에 유대인들은 쉽게 대화하고 토론하며 결과적으로 집단 지성을 발휘한다. 유대인들은 누구나 토라를 배워야 하기 때문에 어릴 때부터 히브리어 알파벳을 익히고 책을 읽으며 성경 말씀을 공부한다. 13세 이후 중고등 학생 때부터는 토라와 탈무드를 가지고 친구와 함께 질문하고 토론하는 하브루타를 자유롭게 즐길 줄 알게 된다. 그리고 친구와 함께 하브루타를 하면서 어떤 사안을 두고 깊게 공부하다 보면 자연스럽게 자신의 지식 부족을 느끼게 된다. 친구와의 논쟁에서 논리가 부족함을 드러내지 않으려고 애쓰다 보면 이는 더 많은 독서 욕구로 이어진다.

책을 많이 읽으면 읽을수록 할 이야기도 많고 더 깊은 토론을 할 수가 있다. 때로는 같은 본문을 두고서도 여러 번 반복해서 하브루타를 할 때가 있는데 이전에 나눴던 이야기 위에서 하브루타를 하기 때문에 언제나 새로운 지식에 대한 욕구가 생긴다. 이렇게 차곡차곡 독서력이 쌓이게 되면 훨씬 더 넓고 깊게 세상을 볼 수 있고 어떤 난관이든지 헤쳐나갈 수 있는 지혜를 얻을 수 있게 된다.

간단하게 하브루타 방식으로 토론을 하는 방법을 정리해 보면 다음과 같다. 맨 먼저 짝과 번갈아 가며 텍스트를 두세 번 읽는다. 반복해서 읽을 때는 감정까지 섞어서 연극배우처럼 읽는다. 이렇게 읽는 이유는 본문을 더욱더 잘 이해하기 위해서이다. 그런 다음, 텍스트를 덮고 기억나는 내용을 자기 말로 바꿔서 상대방에게 설명한다. 그리고 텍스트를 다시 펴서 자세히 읽으며 궁금한 점을 중심으로 질문을 뽑는다. 뽑아낸 질문을 가지고서 서로 이야기를 나누고 의견이 갈릴 경우엔 적극적으로 토론에 임한다. 이때 합리적인 추론으로 설명하거나 반박하며 토론을 한다. 토론을 마친 후에는 처음과 비교해 내 생각이 어떻게 바뀌었는지를 서로 이야기한다. 상대의 좋은 의견과 반박으로 자신의 해석이나 의견이 더욱 좋은 방향으로 바뀌었다면 이에 대해 감사를 표한다.

우리는 텍스트를 조용히 혼자서 읽고 그것을 암기하는 방식으로 공부를 했다. 즉, 텍스트를 비판적으로 바라보는 데에는 소극적이었다. 하지만 유대인들은 계속해서 질문을 하고 토론을 하며 텍스트를 비판적으로 해석한다. 유대인들의 질문과 논쟁 그리고 독서로 이어지는 하브루타 습관은 유대인들이 강한 민족이 되고 오랜 역사의 수난을 견뎌내는 데 있어 중요한 역할을 했다. 그래서 유대인들은 매일의 생활 속에서 하브루타를 실천한다.

한국 사회에서도 최근 하브루타가 유행을 하면서 이를 맹목적으로 따르자는 움직임도 있지만 전적으로 이것이 올바른 방향이라고는 생각하지 않는다. 우리 역시 이를 비판적으로 해석해서 우리 교육이나 일상 삶에 적용할 필요가 있다.

기도

하루 세 번 나를 돌아보는 습관

이스라엘 예시바에서 공부할 때 흥미로웠던 장면이 하나 있었다. 유대인 남자들이 정해진 시간에 모두 모여서 다 같이 기도를 올리는 장면이었다. 13세 이상 유대인 남자들은 평일이면 무조건 아침, 오후, 저녁 이렇게 하루 세 번 기도를 빠짐없이 드리고 안식일에는 금요일 저녁과 토요일 아침에 회당에서 예배를 겸하여 별도의 기도를 올린다. 기독교인인 내가 유대인들의 기도를 처음 접했을 때는 무척 생소해 보였다. 하루에 세 번 기도를 올리는 것도 그랬고, 기도 책을 보고 읊조리듯 기도하는 것도 이색적이었다. 다 같이 처음부터 끝까지 앉았다 일어서기를 반복하며 기도를 드리는 모습도 낯설었다. 기독교에서는 하루 세 번 정해진 시간에 단체 기도를 하지도 않을뿐더러 기도를 할

사진 4 - 회당에서 기도하는 유대인 성인 남성

때 눈을 감고 중얼거리는 정도이지 단체로 기도 책을 보며 큰
소리로 떠들지는 않는다. 물론 소리 높여 부르짖듯 하는 통성
기도라는 것이 있기는 하다. 이처럼 기독교와 유대교는 뿌리는
같지만 기도 방식은 많이 다르다.

유대인들은 하루 두 차례 즉 아침, 저녁 기도에 반드시 '쉐마
(Shema)'를 암송한다. 쉐마는 신명기 6장 4-9절을 이르는 말이
다. 첫 단어가 '쉐마(Shema, 들어라)'이기 때문에 붙여진 이름이
다. 일종의 기도문이다. "이스라엘아 들으라 우리 하나님 여호
와는 오직 유일한 여호와이시니 너는 마음을 다하고 뜻을 다하

고 힘을 다하여 네 하나님 여호와를 사랑하라. 오늘 내가 네게 명하는 이 말씀을 너는 마음에 새기고 네 자녀에게 부지런히 가르치며 집에 앉아 있을 때나 길을 갈 때, 누워 있을 때, 일어날 때, 언제든지 이 말씀을 강론할 것이며 너는 또 그것을 네 손목에 매어 기호를 삼으며 네 미간에 붙여 표로 삼고 또 네 집 문설주와 바깥 문에 기록할지니라." 쉐마의 앞부분은 전심전력을 다해 하나님을 사랑하라는 내용이고 뒷부분은 하나님 말씀을 늘 공부하고 자녀들에게도 가르칠 것을 촉구하는 내용이다. 이는 유대인들의 사명(Mission)과 깊은 관련이 있다. 유대인들의 존재 이유인 사명은 한 마디로 '말씀 맡은 자'를 뜻한다. 하나님을 사랑하고 그의 말씀을 배우고 실천하며 자녀들에게 전수하는 것이다. 그런 맥락에서 보면 쉐마는 유대인들의 사명 선언문과 같다.

그렇다면 유대인들의 비전(Vision)은 무엇일까? 비전은 일종의 되고 싶은 모습, 목표라고 할 수 있다. 유대인들의 비전을 한마디로 요약하면 '티쿤 올람(Tikkun Olam)'이다. 티쿤 올람은 세상을 더 좋은 곳으로 만든다는 의미다.

다시 돌아가서, 쉐마 암송은 유대인들에게 매우 중요한 율법이다. 쉐마를 암송한다는 것은 613개의 계명을 지키며 살겠다는 유대 공동체의 선언인 셈이다. 우리가 알고 있는 십계명은 바로 613개의 계명 중 대표 계명 10개를 말한다. 보통 유대인들은 십계명을 십 범주(카테고리)로 표현한다. 즉, 613개의 계명을 10개의 범주로 나누면 각 범주의 대표 계명이 십계명이다. 다시 말하면 유대인들은 쉐마 계명을 암송하면서 하나님이 지키라고 명령한 613개 계명 모두를 준수하며 살겠다는 다짐을 하는 것이라 할 수 있다. 특히 "이스라엘아 들으라. 우리 하나님 여호와는 오직 유일한 여호와이시니 너는 마음을 다하고 뜻을 다하고 힘을 다하여 네 하나님 여호와를 사랑하라(신명기 6:4-5)"는 유대인들이 매일 밤 잠들기 직전에 별도로 드리는 기도로 유대인들은 혹시 잠을 자다가 죽게 되더라도 이 기도가 마지막 유언이 되길 바라는 마음에서 이 부분을 암송한다.

하루에 세 번 하는 기도는 그들의 조상이며 3대 족장인 아브라함, 이삭, 야곱과 관련이 있다. 아브라함은 이삭의 아버지이고, 이삭은 야곱의 아버지로, 아브라함과 야곱은 할아버지와 손자의 관계다. 아침 기도는 아브라함으로부터 유래되었는데 "아브라함이 그 아침에 일찍이 일어나 여호와 앞에 서 있던 곳에 이르러(창세기 19:27)", 오후 기도는 이삭으로부터 유래되었는데 "이삭이 저물 때에 들에 나가 묵상하다가(창세기 24:63)", 저녁 기도는 야곱으로부터 유래되었는데 "야곱이 브엘세바에서 떠나 하란으로 향하여 가더니 한 곳에 이르러서는 해가 진지라 거기서 유숙하려고 그곳의 한 돌을 가져다가 베개로 삼고 거기 누워 자더니(창세기 28:10-11)"라고 각각 창세기에 관련 구절이 나온다.

기도는 하나님과의 대화이고 호흡과도 같다. 호흡이 정지되면 죽는 것과 같이 신앙인이 기도를 하지 않으면 신앙인이라고 할 수 없다. 물론 호흡처럼 매 순간을 기도로만 채울 수는 없다. 그래서 하루 세 번의 기도는 하나님과의 관계를 증진시키며 자칫 나태해질 수 있는 신앙생활의 고삐를 더욱 죄는 역할을 한다. 그리고 기도를 드릴 때는 당연히 거짓이 없고 진실되어야 한다. 하나님의 인장(印章)을 진실(Truth)이라고 한다. 그래서 기도는 "말씀을 따라 진실되게 살겠습니다"라고 고백하고 도장을 찍는 것과 같다. 기도의 끝에 '아멘'이라고 말하는 이유도 아멘이 '진실로 그렇게 되길 원합니다'라는 의미를 가지고 있어서다.

유대인들은 마치 내일 다시 기도를 드릴 수 없을지 모른다고 생각하고 항상 마지막 기도를 드리듯 진심을 다해야 한다고 강조한다. "기도할 때 건성으로 하지 말고 하나님 앞에서 열망과 간구로 하라. 하나님은 은혜로우시며 자비로우시며 노하기를 더디 하시며 인애가 크시사 뜻을 돌이켜 재앙을 내리지 아니하신다(Pirkei Avot 2:13)." 기도는 회개와 자선과 함께 처벌을 내리려는 하나님의 마음을 되돌릴 수 있는 몇 안 되는 수단 중 하나로 유대인들은 생각한다.

여기에서 드는 의문 한가지. 왜 유독 남성들만 하루에 세 번 기도를 해야 하는 걸까? 이에 대한 답은 남성이 여성보다 신앙심이 더 적기 때문이라고 한다. 남성이 시각적인 유혹에 약하기 때문에 죄를 더 짓기 쉽고 따라서 하루에 세 번씩 하나님께 기도를 드림으로써 자신을 바로잡지 않으면 실수를 저지르기 십상이라는 것이다. 실제로 613개의 율법 중 특정 시간이나 시기를 언급하는 율법들은 거의 모두 13세 이상의 성인 남성들이 예외 없이 지켜야 하는 것들이다. 남성은 끊임없이 자신의 죄성(罪性)과 치열한 싸움을 벌여야 하는데 기도는 스스로를 지키는 중요한 방패의 역할을 하는 셈이다.

기도하는 습관은 신앙인이 아니면 따라 하기 힘든 습관이다. 신앙인이 아닌 일반인이라면 기도 대신 자신의 내면을 들여다보는 명상을 해보는 건 어떨까? 하루에 15분씩 세상의 소음이 단절된 고요한 장소에서 자신 안으로 깊게 침잠하는 명상의 시간을 정기적으로 가져보자. 유튜브에서 '명상'이라고 검색하게 되면 적당한 음악과 함께 명상으로 이끄는 내레이션이 포함된 영상들이 많다. 그걸 틀어놓고 눈을 감고 내레이션의 가르침에 따라 차분히 스스로를 돌아보자. 매일 신께 올리는 기도처럼 나에게 올리는 기도라 생각하고 잠시지만 그렇게 하루에 한 번씩 명상을 해본다면 여러모로 유익한 습관이 될 것이다.

회개

회복과 되돌림의 습관

히브리어로 '회개(悔改)'를 뜻하는 '테슈바(Teshuva)'는 영어로는 'Repentance'라고 번역한다. 하지만 히브리어 본래의 의미를 온전히 전달하기에는 조금 부족한 측면이 있다. '테슈바'는 '리펜턴스'보다 좀 더 넓고 깊은 의미를 가지고 있다. 그래서 나는 'Return(되돌린다)'이라고 하는 게 조금 더 맞다고 생각한다.

회개하고 싶은 마음은 변화가 필요하다는 깨달음에서 비롯된다. 그래서 회개의 주된 추진력은 과거의 것을 '교정(Remodeling)'하는 것에서 오는 게 아니라 '재건(Rebuilding)'하는 것에서 온다. 그것은 자신의 잘못을 책망하는 것을 넘어 오류를 인정하고 자신의 인격과 과거를 재구축하는 여정이라고 할 수 있다. 어둠을 빛으로 쓰라림을 달콤함으로 바꾸는 것이 회개의 본

모습이다. 중세 철학자이자 토라 학자인 마이모니데스(Maimonides, 1138-1204)는 "회개하는 자는 눈물과 기도로 지속적으로 하나님께 부르짖어야 한다"라고 말했다. 그에 따르면 가장 큰 회개는 한 죄인이 하나님의 말씀을 따라 살기로 결단하고 그의 전 존재를 하나님께 헌신하는 것이라고 했다.

태음태양력(우리의 음력과 유사함)을 쓰는 유대인들은 유대력(Jewish Calendar)으로 1월 1일이 되면 10일 동안 의무적으로 회개하는 기간을 갖는다. 이를 신년절(新年節) 혹은 나팔절(The Feast of Trumpet) 또는 로쉬 하샤나(Rosh Hashanah)라고 부른다. 태양력으로는 대략 10월 정도에 해당한다. 이 기간에는 지난해 잘못한 것을 회개하고 다가오는 새로운 1년을 준비한다. 회개의 기간은 크게 둘로 나뉘는데 1월 1일부터 9일까지는 이웃에게 잘못한 것들을 회개한다. 그리고 욤키푸르(Yom Kippur)라 불리는 1월 10일 대속죄일(大贖罪日)에는 하나님께 잘못한 일을 회개한다. 이날은 특별히 하루 종일 금식을 하고 애통해하는 마음으로 하루를 보낸다.

유대 율법은 크게 하나님과의 관계에서 지켜야 할 율법과 이웃과의 관계에서 지켜야 할 율법으로 구분되어 있다. 십계명을 예로 들면 1계명부터 4계명까지는 하나님의 율법에 해당하고 5계명부터는 이웃의 율법에 해당한다. 따라서 1월 10일에는 1계명부터 4계명 중 잘못한 일에 대해 하나님께 사죄를 하고, 1월

1일부터 9일까지는 5계명부터 10계명 사이에서 지키지 못한 것에 대해 이웃을 찾아가 사죄를 한다. 만약 제5계명인 "네 부모를 공경하라"를 어겼다면 부모님께 찾아가서 용서를 구해야 한다. 친구에게 거짓말한 사실이 기억나면 마찬가지로 친구에게 찾아가 사죄를 해야 한다. 만약 끔찍한 험담이나 댓글로 누군가를 괴롭혀 그가 자살에까지 이르도록 했다면? 이미 피해 당사자가 죽고 없기 때문에 회개할 기회가 없는 것이 아니라 이때도 율법에 따라 피해자의 무덤 앞에 가서 용서를 빌어야 한다. 이때는 혼자 가지 않고 13세 이상의 성인 10명을 함께 데려간다. 이들이 일종의 증인인 셈이다. 그렇다면, 제3계명인 "하나님의 이름을 망령되게 부르지 마라"를 어겼다면 어떻게 해야 할까? 하나님도 이 세상에 없는 존재가 아닌가, 생각할 수도 있는데 이때는 회당을 찾아 회개하고 용서를 빌어야 한다. 그래서 종교 생활을 하지 않는 유대인이라 할지라도 대속죄일 만큼은 반드시 회당 기도에 참석하고 하나님께 회개를 한다.

일반적으로 회개의 순서는 다음과 같다. 맨 먼저 자기의 죄를 고백하고 시인한다. 그다음으로 다시는 그런 죄를 짓지 않겠다고 선언한다. 피해자에게 손해를 배상하거나 각종 책임을 지는 것도 포함한다. 마지막으로 동일한 죄를 범할 상황이 다시 와도 2회 이상 꾹 참고 그 죄를 짓지 않는다. 예를 들면 편의점에서 물건을 훔친 사람이 회개하고 싶다면 먼저 자신의 죄를 시인해야 한다. 다음으로 그 죄를 다시 짓지 않겠다고 결단해야 한다. 피해자에게 가서 사과하고 충분한 배상을 해야 하며 필요하다면 법적인 책임을 질 것은 져야 한다. 이어서 편의점에 가서 최소 두 번 이상 물건을 훔치지 않으면 비로소 회개가 완성된다. 그렇게 되면 과거의 잘못을 교정할 뿐만 아니라 회개자의 삶이 재구축되고 재건된다. 다시 정상적인 삶을 영위하고 모든 관계가 회복되는 것으로 본다. 하지만 회개가 완성된 이후에 그 죄를 다시 짓게 되면 그 회개는 무효가 된다. 이를 구약 성경 잠언에서 솔로몬 왕은 "개가 그 토한 것을 도로 먹는 것 같다(26:11)"라며 매우 미련한 짓이라고 질책했다.

사람이 완벽하게 죄를 짓지 않고는 살 수 없다. 아무리 죄를 짓지 않으려고 해도 엄격한 율법의 잣대로 따지게 되면 부지불식간에 저지르는 수많은 죄가 있다. 이때 몰랐다는 변명은 통하지 않는다. 탈무드는 무지자에게 자비를 베푸는 것은 금지되어 있다고 말한다(Berachot 33a). 모르고 죄를 지었다는 핑계는 통하지 않는다는 뜻이다. 혹자는 모든 인간이 죄를 지을 수밖에 없고 그것이 당연할 수밖에 없으니 내가 죄를 짓는 것이 무슨 대수냐? 고 따질지 모르겠다. 하지만 그렇다고 해서 죄를 마음대로 지을 자유가 있는 것은 아니다. 탈무드의 현자 랍비 타르폰(Tarfon, 70-135 사이 활동)은 이에 대해 다음과 같이 말했다. "일을 완료하는 것은 너의 임무가 아니다. 그렇다고 일을 그만

둘 자유도 없다." 여러 가지 해석이 있을 수 있으나 여기서 '일'을 '죄를 짓지 않는 것'이라고 한다면 다음과 같은 해석이 가능하다. "죄를 한 톨도 짓지 않는 것은 너의 임무가 아니다. 그렇다고 죄를 마음대로 지을 자유도 없다." 그래서 끊임없이 죄를 짓지 않으려고 노력하고 마음을 다해 애써야 한다. 그게 마음대로 안 되니 죄를 지을 때마다 회개를 통해 잘못된 길에서 돌아서는 기회를 가져야 한다. 그렇다고 회개를 기회 삼아 일부러 죄를 지으려 해선 안 된다.

우리의 인생은 수정의 연속이다. 잘못을 교정하는 과정을 통해 우리는 인격적 성숙에 이르게 된다. 사리를 분별하고 선악을 알며 옳고 그름을 깨닫게 된다. 아마도 실수와 실패가 없으면 우리에게 성숙이란 없을 것이다. 우리 모두는 완전하게 태어나지 않았다. 끊임없는 죄악의 교정과 잘못된 길에서 돌아서는 회개만이 한 발작 한 발작 온전한 인품에 이르도록 도와준다. 그래서 죄악 된 행위가 습관이 되기 전에 매일 반성하는 시간을 갖는 것이 중요하다.

탈무드에는 "좋은 인성 없이 토라 없고, 토라 없이 좋은 인성 없다(Pirkei Avot 3:17)"라는 말이 있다. '좋은 인성 없이 토라 없다'라는 말은 좋은 인성을 가져야 토라를 배워도 제대로 배울 수 있다는 뜻이다. '토라 없이 좋은 인성 없다'라는 말은 토라의 가르침을 따를 때에 좋은 인성을 기대할 수 있다는 뜻이다. 회개하는 삶은 좋은 인성으로 나아가는 삶 그자체다.

유교의 논어 학이(學而)편에도 '오일삼성오신(吾日三省吾身)'이라는 말이 있다. '하루에 세 번 반성한다'는 뜻이다. 이를 줄여 '일일삼성(一日三省)'이라고도 한다. 반성하고 회개하는 것의 중요성은 동서양이 따로 없다. 매일 정기적으로 자기의 행동을 돌아보고 악에 빠지지 않도록 마음을 다잡는 습관은 누구에게나 필요한 일이다. 매일 하루를 되돌아보는 습관을 꼭 만들어 보자. 나를 지키는 좋은 습관이 될 것이다.

쉼

하루를 온전히 쉬는 안식일 습관

일주일에 하루를 쉬는 휴일은 유대인들이 인류에게 가져다준 가장 소중한 선물이다. 과거에는 6일 동안 일하고 7일째 쉰다는 개념이 없었다. 지금의 휴일 개념은 유대인들의 안식일(샤밧, Shabbat)에서 시작되었다고 할 수 있다. 안식일은 유대인들의 정체성 중 하나로 대표될 만큼 대단히 중요한 율법이다. 심지어 유대인들이 안식일을 지킨 게 아니라 안식일이 유대인을 지켰다는 말이 나올 정도다.

유대인들은 안식일 동안 이름 그대로 일을 잠시 미루거나 접어둔 채 25시간을 온전히 쉰다. (24시간이 아니라 25시간인 이유는 일몰 전후로 30분씩을 더하기 때문이다.) 한 마디로 이날만큼은 생계라는 버거운 짐을 잠시 내려놓고 자유를 만끽한다. 안식일 전통은 모세 때부터 지금까지 3300년 동안 이어져 왔다. 창세기에는 하나님이 7일 동안 천지를 창조하신 이야기가 기록되어 있다. 하나님은 6일 동안 세상 만물을 모두 창조한 다음 7일째에는 쉬셨다. 이를 기념하여 유대인들도 일곱 번째 날에는 온전히 쉼을 갖는 계명을 지켜왔다. 현재 모든 인류가 쉬는 일요일은 정확하게 말하면 유대인의 안식일과는 조금 다르다. 유대인들의 안식일은 일요일보다 하루 이상 빠른 금요일 일몰 이후부터 토요일 일몰 때까지 꼬박 25시간을 말한다. 달력에서 한 주의 끝이 일요일이 아닌 토요일인 이유가 이 때문이다. 금요일 저녁부터 안식일이 시작되는 이유는 창세기에서 하루의 시작을 '저녁이 되고 아침이 되니'라고 해서 하루의 시작을 일몰 이후로 보고 있기 때문이다.

안식일은 하나님을 생각하며 예배를 드리고 온전히 가족과 함께 보내는 시간이다. 유대인들은 이날 자녀들에게 성경을 가르치고 하나님의 말씀을 교육한다. 온전히 쉼만 가지는 것은 아니다. 내가 왜 이 땅에 태어났는지 다시 한번 되새기고 어긋난 영적 나침반을 다시 바로잡는 날로 생각한다.

성경에 따르면 안식일에는 어떠한 일도 금하고 있다. 집에서 일하는 종과 유숙하는 나그네 그리고 기르는 가축들까지도 모두 멈춤의 대상이 된다. 멈춰야 하는 일에는 스위치 켜고 끄기, 종이에 글쓰기, 자동차 시동 걸기, 각종 전자 장비의 버튼 누르기 등과 같은 사소해 보이는 일들도 모두 포함된다. 당연히 휴대폰을 사용하거나 TV를 켜는 일을 해서도 안 된다. 이스라엘의 호텔에 가면 안식일에만 작동하는 '샤밧 엘리베이터'가 따로 있다. 그 엘리베이터는 버튼을 누르지 않아도 한 층 한 층 자동으로 멈췄다가 움직이기를 반복한다. 안식일에는 엘리베이터 버튼을 누르는 것조차도 일로 간주하기 때문이다. 그리고 안식일에는 요리도 할 수 없어서 그날 먹을 음식은 그 전날에 미리 준비해둔다.

안식일 준수는 하나님을 세상의 창조주로 인정하는 행위다. 안식일을 지키지 않는다면 하나님을 창조주로 인정하지 않는 것을 뜻한다. 그래서 안식일을 지키지 않게 되면 가혹한 처벌이 뒤따랐다. 율법에는 일을 하다 들통이 나면 돌로 맞아 죽는 석형(石刑)에 처해질 수 있다고 전한다. 물론 지금은 안식일을 지키지 않은 것에 대해 과거처럼 엄격하게 처벌하고 있지는 않다. 하지만 이스라엘 역사에는 안식일을 지키지 않은 이들에게 무서운 형벌을 내린 적이 있다는 기록이 수차례 나온다. 하나님을 창조주로 인정하고 하나님의 백성이 되겠다는 언약을 맺은 유대인들에게 안식일을 범하는 죄는 하나님을 부정하는 그야말로 엄청난 범죄라 할 수 있다.

유대인들과 교류하다 보면 안식일에 초대받는 일이 종종 있다. 예시바에서 탈무드 공부를 하고 있을 때였다. 동네 어귀에 위치한 가게가 하나 있었는데 때마침 가게에 있던 60대 유대인 아주머니와 대화를 하다가 안식일에 다른 집으로부터 초대받지 못했다면 자신의 집으로 오라고 초대를 해주었다. 유대인들은 안식일에 이웃을 초대하는 일이 많은데 우리에게도 그 기회가 주어진 것이었다. 그래서 그 주의 안식일 점심(토요일 점심)에는 아주머니의 가족들과 함께 즐거운 한때를 보냈다. 특히 인상적이었던 것은 할아버지가 친손자, 외손자를 막론하고 모두를 식탁에 앉혀 놓고 토라를 가르치는 장면이었다. 할아버지가 질문하면 손자들이 대답하며 유쾌하게 말씀을 가르치는 모습이 여간 능숙해 보이는 것이 아니었다. 아마 할아버지는 평생에 걸쳐 매주 같은 시간을 가졌을 것이다. 어릴 때는 부모님과 함께 그리고 결혼해서는 자녀들과 함께, 이제 나이가 들어서는 손자들과 함께 성경을 펴 놓고 하나님의 말씀을 가르쳤을 것이다.

이처럼 유대인들에게 안식일은 온전히 쉬면서 가족 모두가 영적인 에너지와 육체적인 활력을 다시 회복하는 날이다. 그래서 특별한 일이 없으면 이웃이나 친지들을 초대해 그들과 한 식탁에 모여 앉아 음식을 즐기며 안식일 예배를 드린다. 특별히 그날은 평일과 다르게 한껏 요리 솜씨를 뽐낸 음식들이 차려지고 일정한 순서에 따라 예배를 드리며 즐거운 담소를 나눈다.

안식일 만찬 순서를 잠깐 살펴보면 안식일이 시작되기 30분 전에 집안의 여성들이 안식일을 맞이하는 촛불 켜기 예식을 가장 먼저 연다. 이후 아버지의 인도에 따라 자녀 축복, 포도주 위에서 하는 키두쉬(Kiddush) 축복 기도, 손 씻기, 할라 빵 나누기,

사진 5 - 안식일 저녁 식사 모습

사진 6 - 안식일 먹는 할라 빵

찬양 등으로 이어진다. 남자들은 안식일이 시작되기 전에 별도로 회당에 가서 안식일 환영 예배를 드린 후 집으로 돌아온다. 토요일 아침에는 9시 반 경에 온 가족이 회당에서 한 시간 정도 예배를 드리고 아침 식사는 보통 회당에서 제공하는 음식으로 대신한다. 토요일 점심은 보통 오후 2시에 시작해서 한 시간 반 가량 정도 이어진다. 그리고 해가 지면 30분 정도가 지난 후에 안식일을 떠나보내는 의식을 별도로 진행한다.

내가 유대인의 안식일을 체험하면서 가장 부러웠던 것은 1주일에 한 번씩 가족들이 모두 모인다는 것이었다. 실제로 탈무드에는 천국의 1/60이 안식일의 모습이라고 말한다(Berachot 57b). 다시 말하면 천국의 맛보기라 할 수 있는 것이 안식일이다. 이날 모인 가족들의 얼굴에는 평온함과 행복이 넘쳐흐른다. 성경에도 가장 행복한 가정의 모습이 등장한다. "네 집 안방에 있는 네 아내는 결실한 포도나무 같으며 네 식탁에 둘러앉은 자식들은 어린 감람나무 같으리로다(시편 128:3)."

1인 가구에 '혼술' '혼밥'이 유행하는 요즘, 가족이 함께하는 모습을 꿈꾼다는 것이 어려운 일이 돼버렸다. 그럼에도 인간의 원초적 행복은 가족에 있음은 부인할 수가 없다. 이런 환경에서는 의식적 노력만이 답이다. 유대인들처럼 할 수는 없을지라도 토요일이나 일요일 단 하루만이라도 가족들과 함께 오붓하게 보내는 시간을 만들어보면 어떨까?

자선

부자의 심장을 갖는 습관

유대인 가정에서는 오랜 옛날부터 자녀들에게 '쩨다카(Tzedakah, 자선)'를 가르쳐왔다. 어떤 유대인 가정은 여러 개의 헌금통을 만들어 놓고 자녀들이 등교하기 직전이나 식사를 하기 직전에 동전을 넣도록 시키기도 했다. 이 모두 자녀에게 자선하는 습관을 가르치려는 의도였다.

보통 8개월 영아 때부터 엄마는 아이 손에 동전을 쥐여 주고 자선함에 넣도록 한다. 그리고 아이가 학교 갈 정도의 나이가 되면 용돈을 주고는 돈을 스스로 벌고 관리할 기회를 부여한다. 집에서 부모의 일을 도우면 용돈을 얼마씩 책정해주고 돈은 이웃을 기쁘게 한 뒤에 받는 대가임을 가르치는 동시에 공짜 점심은 없다는 점을 분명히 한다. 십 대 자녀들에게는 부모가 경영

사진 7 - 유대인 헌금함

하는 사업체에서 아르바이트를 시키고 사업 전반에 걸친 지식과 정보, 고객 서비스의 중요성 등을 구체적으로 지도한다. 그리고 자녀와 함께 비즈니스와 관련된 토라와 탈무드 공부를 같이 하기도 한다. 그러면서 돈은 어려운 이웃을 돕기 위해 존재하는 것이고 돈은 돌고 도는 것이며 이웃에게 좋은 일을 하고 받는 증표라는 것을 철저히 가르친다.

이처럼 자선은 자녀들에게 가르치는 중요한 경제 교육의 하나다. 유대인들은 본격적인 경제 교육에 앞서 돈의 가치를 먼저 가르친다. 한 번은 한국의 모 신문사 기자가 한국에 거주하는 랍비를 찾아와 자녀들에게 어떻게 경제 교육을 시키는가? 라고 물은 적이 있다. 랍비는 대답 대신 당시 여섯 살이던 어린 아들을 불러 그에게 동전 한 닢을 건네주었다. 아이는 두말 않고 그 동전을 거실 한쪽에 있던 헌금함에 넣었다. 랍비가 우리에게 말하고자 했던 것은 돈에 대한 바른 철학이었다.

유대인들은 가난한 자들에게 주라고 하나님이 나에게 맡긴 재물을 돈이라고 생각한다. 주류 경제학에서는 인간을 이기적인 동물로 본다. 자신의 욕망을 충족하고자 하는 이기적인 목적으로 돈을 번다고 본다. 하지만 유대인들은 이와 정반대로 생각한다. 돈을 번다는 것을 이웃을 섬기는 행위로 본다. 그리고 돈이 욕망의 상징이기는 하나 돈에 욕망을 투영하는 인간이 문제인 것이지 돈 자체는 아무런 문제가 없다고 생각한다. 한 랍비는 자기를 위해 빵을 걱정한다면 육체적인 욕망이요 이웃의 빵을 걱정한다면 영적인 욕망이라고 했다.

이와 관련하여 이런 이야기(The Book of Mitzvah Volume 1, p.31-32)도 있다. 어떤 사람이 랍비에게 큰 호의를 베풀었다. 이에 랍비는 너무 감사한 나머지 축복을 해주겠다고 말했다. 랍비는 그에게 '내세에서의 영적인 축복' 또는 '이 세상에서의 부의 축복' 중 하나를 택하라고 하며 그것을 위해 기도해주겠다고 약속했다. 그러자 그 사람은 뜻밖에도 후자를 택했다. 곁에서 지켜보고 있던 친구들이 분개했다. 친구들이 생각하기에 그는 영적인 축복의 가치를 모를 사람이 아니었기 때문이었다. 그러자 그가 친구들에게 말했다. "영적인 축복이라고? 그게 누구에게 유익한가? 그건 나에게만 유익할 뿐이네! 하지만 돈을 가지고 있으면 이웃을 도울 수 있고 결과적으로 영적인 축복도 누릴 수 있다네!"

유대인들은 하나님이 직접 가난한 자를 돕지 않고 부자를 통해서 돕는다고 믿는다. 그래서 유대인들은 부자를 청지기에 불과하다고 생각한다. 가난한 자들을 돕기 위해 하나님이 마련한 돈을 지키는 청지기. 그러니 부는 반드시 가난한 자들을 위해 사용되어야 한다는 것이다. 이런 부담감 때문에 부자가 되는 것을 달갑게 여기지 않는 랍비도 있었다. 대표적인 인물이 랍비 이스로엘 살란테르(Yisroel Salanter, 1810-1883)이다. 그는 돈을 소유하는 것은 막대한 책임을 지는 일이라고 생각했다. 한번은 그의 아내가 복권을 한 장 구입하자 그는 즉시 두 사람을 증인으로 세워 다음과 같이 선포했다. "나는 아내의 금전적 취득 또는 그로 인하여 영원히 발생하는 어떤 이자에 대해서도 아무런 상관이 없음을 이 자리에서 선언합니다." 랍비 이스로엘의 선언은 아내가 부자가 될 경우 함께 지게 될 의무감에 대한 부담 때문에 한 선언이었다. 랍비 이스로엘은 다음과 같이 설명했다. "하나님께서 누군가에게 부를 허락하신다면 이것은 특별히 그 사람의 개인적인 이득을 위한 것이 아니다. 하나님은 가난한 사람들에게 부를 나눠야 한다는 무거운 책임을 그에게 지우시는 것이다. 그 책임을 완수하려면 도시 곳곳을 샅샅이 뒤져 극빈자 또는 재원이 부족하여 토라 선생님을 고용할 수 없는 가정의 청소년을 찾아내 돈을 나눠줘야 한다. 하지만 그들 모두를 찾아낸다는 것은 결코 쉬운 일이 아니다(The Tzedakah Treasury, p.115)."

유대 현자들에 따르면 모든 부자는 반드시 탐욕의 시험을 거친다고 한다. 그 시험은 대단히 어려워서 낙타가 바늘구멍을 통과하는 것만큼이나 어렵다(마태복음 10:25)고 했다. 탈무드에는 자기 욕심의 반이라도 만족하고 죽는 사람은 없다(Kohelet rabbah 1:13)는 구절이 있다. 하나를 가지면 두 개를 갖고 싶고 두 개를 가지면 네 개를 갖고 싶은 게 인간의 욕심이다. 이처럼 부는 가지면 가질수록 갈증만 더할 뿐이다. 탐욕을 부리는 자의 부는 마치 소금을 뿌리지 않은 고깃더미처럼 썩고 상해서 자신에게 오히려 재앙이 되고 만다. 그래서 탈무드에서는 쩨다카를 고기를 썩지 않게 하는 소금에 비유하기도 한다. "돈을 보존하는 유일한 소금은 자선을 통하여 돈을 나눠주는 것이다(Ketubot 66b)." 알다시피 소금은 부패를 방지하기도 하지만 음식의 맛을 내는 데도 매우 유용하다. 그래서 쩨다카를 하게 되면 탐욕을 통제하고 인생의 맛을 만끽할 수 있다. 대신 자취를 남겨선 안 된다. 소금이 음식에 녹아 그 자취를 찾을 수 없듯 쩨다카를 할 때는 마치 오른손이 하는 일을 왼손이 모르게 하듯이 은밀하게 행해야 한다. 이 모두가 탈무드의 가르침이다.

유대인들은 부자를 심장에 비유하기도 한다(The Tzedakah Treasury Ch.8). 그래서 부자는 우리 몸의 피와 같은 돈을 돌게 하는 사람으로 본다. 탐욕에 휩싸인 채 가난한 이들의 호소를 외면하는 부자는 마치 흘러들어온 피를 자기 것인 양 모으기만 하고 유통하지 않는 심장과 같다. 피를 내보내지 않는 심장은 터질 수밖에 없다. 하지만 부를 가난한 자들에게 나눠주는 부자는 절대 가난해지지 않는다. 흘러간 피는 온몸을 돌고 돌아 다시 심장으로 돌아오기 때문이다. 그리고 더 놀라운 점은 자선을 행한 부자들은 그 수혜자들인 가난한 자들보다 훨씬 더 큰 축복을 받는다는 사실이다. 자선을 하면 마음이 편안해지고 기쁨이 넘친다. 그 덕에 정신적, 육체적으로 건강해질 수 있다. 자선이 주는 축복이 너무나 크기 때문에 자선의 기회가 오면 절대 주저하거나 머뭇거리지 말라는 것이 유대 현자들의 한결같은 조언이다. "당신이 베푸는 자선은 가난한 자를 위한 것이라기보다 당신 자신을 위한 것임을 언제나 명심하라(The Tzedakah Treasury Ch.8)." 그래서 랍비들은 자선의 기회를 준 가난한 자들에게 감사의 마음을 표해야 한다고 말한다.

자선을 할 수 있는 부자가 되려면 어느 정도 부를 모아야 하는 걸까? 탈무드에는 부자의 조건을 아주 간명하게 설명한다. "자기 분수에 만족하고 행복해하는 사람(Pirkei Avot 4:1)." 이는 우리가 생각하는 부자의 개념과는 많이 다르다. 부의 많고 적음과 상관없이 자기가 가진 것에 만족하는 사람은 모두가 부자인 셈이다. 아무리 부자라도 가진 것에 만족하지 않고 이를 여전히 부족하다고 여긴다면 부자라고 할 수 없다. 이들은 베푸는 데에도 인색할 수밖에 없을 것이다.

이외에도 자선에 힘써야 하는 이유가 또 있다. 자선은 사람의 인품을 고상하게 만들어 준다는 믿음이다. 자선하는 사람의 공통점은 남의 고통과 고난에 깊이 공감할 줄을 아는 사람이다. 사람은 본질적으로 자기중심적이어서 자칫 탐욕에 휩싸일 수 있는데 이런 이기적 본능은 파괴적이다. 하지만 자선은 이런 본능을 완화시키고 이타적인 성품을 갖게 한다. 따라서 유대 현자들은 자선을 반복할수록 성숙한 인간이 된다고 말한다. 그래서 10만 원을 한 번에 자선하는 것보다 1만 원씩 열 번하는 것이 더 낫다고 말한다.

어떤 사회가 건강한가 그렇지 않은가를 알려면 그 사회의 부자들이 부를 어떻게 사용하는지를 살펴보면 된다. 부자들이 가난한 자들에게 자신의 부를 기꺼이 기부하려고 애쓴다면 그 사회는 대단히 건강하다고 할 수 있다. 하지만 부자가 가난한 이들의 고통을 외면한다면 그 사회는 병든 사회다. 그런 사회는 부익부 빈익빈과 같은 양극화가 심화되어 결국엔 파멸하고 만다. 미국이 많은 사회 문제를 가지고 있음에도 불구하고 그나마 건강성을 유지하고 있는 이유는 건강한 부자들이 많기 때문이다.

부는 어차피 영원히 자신에게 머물지 않는다. 때가 되면 다른 사람에게로 넘어간다. 내 주머니에 부가 가득 차 있을 때 그 기회를 놓치지 말고 자선으로 베푸는 것이 중요하다. 그러면 하나님은 더 좋은 것으로 다시 채워 주신다. 그래서 유대인들은 돈에 대해 제일 먼저 자선을 배운다. 자선하는 습관의 중요성은 비단 유대인들에게만 해당되는 것은 아니다. 우리 사회에서도 점점 자신의 재산을 사회에 환원하는 부자들이 늘고 있다. 자선은 꼭 부자만이 해야 하는 것도 아니다. 누구나 할 수 있다. 자선은 타인을 위해 하는 것이 아니라 나를 위해 한다는 것임을 꼭 기억했으면 좋겠다.

돈

자녀에게 돈의 철학을 가르치는 습관

유대인들은 경제적 독립이 영적 성숙의 기반이라고 생각한다. 또한 생계유지를 위한 돈벌이는 토라의 가르침을 실천하는 데 있어 매우 중요한 신앙의 훈련이라고 생각한다. 그렇다 보니 유대인들의 경제관은 다른 어느 민족보다도 진보적이다.

유대인들은 노벨상 수상자뿐만 아니라 세계적인 부자들도 수없이 배출해왔다. 미국 시사 경제잡지 《포브스》가 지난 2020년 세계 최고 부호 순위를 발표했는데 20위권 안에 유대인이 6명이나 포함되어 있다. 조금 앞선 통계인 《더 데일리 프레스》에 따르면 2013년 미국 억만장자 중 48%가 유대인인 것으로 조사됐다. 지금도 세계적인 부자들을 떠올리면 유대인들이 많다는 것을 금방 알 수 있다. 스타벅스의 창업자 하워드 슐츠, 구글의 세르게이 브린과 래리 페이지, 페이스북의 마크 저커버그, 오라클의 래리 앨리슨, 델 컴퓨터의 마이클 델 등 그 수를 헤아릴 수 없을 정도로 많다. 미국 전체 인구에서 유대인들이 차지하는 비율은 겨우 2%에 불과하지만 그들의 경제력은 미국 경제의 20%를 좌지우지할 만큼 막강하다.

유대인들이 이처럼 놀라운 경제력을 자랑하는 힘의 원천에는 그들만의 독특한 돈 철학을 빼놓을 수 없다. 유대인들의 돈 철학은 토라에서부터 비롯된다. 토라에서 하나님은 돈을 매우 긍정적으로 표현하고 있다. 창세기 1-2장을 보면 하나님이 세상을 7일간 창조하면서 날마다 한 번씩 총 일곱 번의 '좋다'는 말씀을 하셨는데 창조가 모두 끝난 뒤 여덟 번째 좋다는 말씀은 황금에 대고 했다는 기록이 있다. "강이 에덴에서 흘러나와 동산을 적시고 거기서부터 갈라져 네 근원이 되었으니 첫째의 이름은 비손이라 금이 있는 하윌라 온 땅을 둘렀으며 그 땅의 금은 순금이요 그곳에는 베델리엄과 호마노도 있으며(창세기 2:10-12)" 여기서 '그 땅의 금은 순금이요'를 영어로 옮기게 되면 'the gold of that land is good'이다. 한글 번역으로는 '순금'이지만 히브리어로는 '토브(tov, 좋다)'이고 영어로는 'good'이라는 의미다. 이 구절을 들어 유대인들은 하나님이 황금에 복을 내리신 것으로 해석한다. 전체 문장을 다시 살펴보게 되면 에덴동산에서 금은 사람이 추구하는 부와 풍요의 상징이었고 금은 부식되는 일도 없고 영원불멸하고 완전해서 하나님 성품을 꼭 닮은 귀한 금속이었다.

유대인에게 황금은 두 가지의 상징성을 갖고 있다. 하나는 신에 대한 복종으로서의 자선이고 또 다른 하나는 부를 축적하여 누리는 풍요로운 삶이다. 이 두 가지는 마치 서로 모순된 것처럼 보이지만 유대인들은 전혀 그렇게 보지 않는다. 돈을 가지고 이웃을 섬기는 자선은 이웃을 사랑하라는 하나님의 명령에 복종하는 것이고 그에 따라 부를 축적하는 것 역시 하나님의 명령이라고 생각한다. 그래서 유대인들은 하나님의 뜻에 맞게 돈을 사용하면 복이 되지만 그렇지 않으면 재앙이 되는 것으로 본다. "돈은 선한 자에게는 선한 것을 부르고 악한 자에게는 악을 부른다(유대 격언)." "돈은 무자비한 주인인 동시에 돈만큼 훌륭한 하인도 없다(유대 격언)."

황금에 대한 유대인들의 사랑은 이름에서도 쉽게 찾아볼 수 있다. 유대인들의 성씨 중에는 골드(gold)나 실버(silver)가 붙은 이름이 유독 많다. 골드를 포함한 성을 예를 들어보면 골드버그, 골드버거, 골드블룸, 골드브럼, 골든, 골덴카프, 골든슨, 골드와이저, 골드해머 등이 있다. 그리고 실버에는 실버맨, 실버슈타인, 실버버그 등이 있다. 이토록 이름에서부터 돈과 금을 사랑한 유대인이지만 무턱대고 돈을 사랑하는 것은 모든 악의 근원이 된다는 것을 결코 잊지 않는다. "돈을 사랑함이 일만 악의 뿌리가 되나니(디모데전서 6:10)." 그래서 그들은 돈을 사랑하여 탐욕을 부리지 않도록 쩨다카(자선) 훈련을 철저히 받는다. 쩨다카를 유대인들은 '마음의 할례'라고 해서 물질적 탐욕을 억누르는 데 매우 유용한 행위로 간주한다.

유대인들은 아이들에게 경제 교육을 할 때 쩨다카를 통해 돈을 가치 있게 쓰는 법을 먼저 가르친 뒤 비로소 돈을 정직하게 버는 법을 가르친다. 그리고 자선은 남에게서 훔친 돈이 아니라 정직하게 번 돈으로 해야 한다고 가르친다. 돈은 시장을 통해 늘 순환되어야 하며 허투루 써서는 안 되고 어려운 이웃을 위해 써야 한다는 것을 어릴 적부터 마음에 새기도록 한다. 돈을 벌 때는 고객에게 최선의 서비스와 최고의 제품을 만들어서 팔되 그렇게 해서 번 돈은 다시 공동체를 섬기는 데 사용해야 한다고 가르친다.

유대인들은 경제적 독립을 한 인간으로서 바르게 살아가는 데 있어서 매우 중요한 것으로 생각한다. 탈무드에서도 아버지가 반드시 해야 할 일 중의 하나로 자녀들에게 반드시 장사(비즈니스)를 가르칠 것을 권고한다. "자식에게 장사를 가르치지 않는 아버지는 그 자식에게 강도 짓을 가르치는 것과 다름없다(Kiddushin 29a)." 그래서 유대인 부모들은 어렸을 때부터 용돈을 가지고서 경제 교육을 시킨다. 용돈을 정기적으로 주면서 수입과 지출을 기록하게 하고 합리적인 소비와 미래를 위해 저축을 하

사진 8 – 유대인 성년식, 바르 미츠바

게끔 하고 이웃을 위해 쓸 자선금을 마련하게끔 한다.

유대인들은 남자아이의 경우 13세 그리고 여자아이의 경우 12세 생일 때 각각 '바르 미츠바(Bar Mitzvah, 계명의 아들)' 또는 '바트 미츠바(Bat Mitzvah, 계명의 딸)'라는 성년식을 치른다. 성년식은 유대인들에겐 일생에서 가장 큰 행사 중 하나로 종교적으로 온전한 성인이 되었음을 선포하는 의미를 갖고 있다. 그래서 이때부터는 부모의 가르침을 떠나서 계명을 스스로 알아서 배우고 실천해야 할 나이가 되었다고 본다. 집집마다 다르겠지만 성년식을 치르게 되면 모든 비용을 빼고도 보통 4-5만 불 정도의 돈이 남는다. 그 돈을 유대인 부모들은 자녀 이름으로 저축을 들거나 주식이나 펀드 등에 투자를 하게끔 하고 돈을 불리는 법에 대해 가르친다. 그리고 작은 상업 거래를 통해서는 돈 버는 법을 익히도록 안내한다. 그래서 아버지의 가게나 회사에서 일을 돕게 하거나 인터넷 중고 거래 등을 해보면서 물건을 어떻게 하면 싸게 사고 비싸게 팔지를 고민하도록 유도한다. 돈을 터부시하는 우리 정서와는 많이 다르다고 볼 수 있다. 실제 토라에는 어떻게 하면 돈을 많이 벌 수 있는지를 이미 밝히고 있다. 그것은 신실(信實, Integrity)과 정직(正直, Honesty)이다. 신실은 옳은 것은 옳기 때문에 하는 것이고, 옳지 않은 것은 옳지 않기 때문에 하지 않는 것을 의미한다. 이는 일하는 동료들을 공정하게 대우하며 고객에게 어떠한 손해도 끼치지 않는 행위를 말한다.

탈무드에는 "너를 지켜보는 눈과 너의 말을 듣는 귀와 너의 행실을 기록하는 책이 있으니(Pirkei Avot 2:1)"라고 기록하고 있다. 정직은 어떤 방식으로든 고객을 속이지 않고 모든 서비스와 상품 정보를 숨김없이 공개하는 것을 말한다. 계약은 물론 구두 약속 심지어 마음에서 정한 결정조차도 철저히 지키는 것을 포함한다. 물론 신실과 정직이 비즈니스 성공의 필요 충분 조건은 아니다. 최고의 제품과 서비스 개발도 무척 중요하다. 하지만 신실과 정직이 바탕이 될 때에만 명성을 얻을 수 있고 명성은 브랜드 이미지가 되어서 서비스와 상품 경쟁력을 높인다. 이런 명성은 절대 하루아침에 만들어지지 않는다. 오랫동안 고객들로부터 한결같은 신뢰를 얻어낼 때 만들어진다. "세상에는 세 가지의 면류관이 있다. 토라의 면류관, 제사장의 면류관, 왕의 면류관. 그러나 이 중에서도 명성의 면류관이 이 모든 면류관보다 더 낫다(Pirkei Avot 4:17)." 비즈니스에서 성공하기 위해서는 신뢰를 바탕으로 고객의 마음을 생각해야 하고 그리고 함께 일하는 동료를 생각하는 마음이 늘 따뜻해야 한다.

유대인 부모들이 돈과 함께 아이들에게 돈 버는 법을 가르치면서 항상 강조하는 것이 바로 이것이다. 이는 우리에게도 이제 예외 사항은 아닐 듯하다. 그동안 우리는 돈을 터부시하며 살아왔고 자녀에게 돈 버는 법을 가르치기보다는 공부하라는 조언만을 반복했다. 사실, 부모님들도 돈에 대해 잘 몰랐고, 우리들도 부모로부터 올바른 경제 교육을 받지 못했다. 이제는 달려져야 한다.

공정

비즈니스를 하는 습관

유대인들은 참으로 생명력이 넘치는 민족이다. 오랜 세월 전 세계를 유랑하면서도 갖은 핍박과 멸절의 위기를 겪었으면서도 끝까지 생존했으니 말이다. 유대인들은 BC(기원전) 586년 바빌론 제국의 느브갓네살 왕의 침략으로 자신들의 나라 이스라엘을 잃었다. 그러고서 까마득한 시간이 흐른 1948년 5월 14일, 유대인들은 놀랍게도 이스라엘이라는 나라를 다시 세웠다. 무려 2500년 만의 일이었다. 세계가 깜짝 놀란 것은 당연했다.

한 민족이 이렇게 오랫동안 생존하기도 어려웠거니와 오랜 시간 끝에 다시 나라를 세운다는 것은 더더욱 상상하기 어려운 일이다. 전세계적으로 보게 되면 사실상 이스라엘 외에는 없다고 해도 과언이 아니다. 다른 민족 같았으면 정복 민족들에게 벌써 여러 번 동화가 되고도 남았을 것이다. 하지만 유대인들은 달랐다. 일찍이 영국의 역사학자 아놀드 토인비(Arnold Toynbee)는 역사 속 다양한 민족, 제국, 문명들의 흥망성쇠를 다룬 자신의 역작 『역사의 연구』라는 책에서 수많은 문명들이 '도전과 응전'의 과정에서 발전하기도 하고 쇠퇴하기도 했는데 유대인들의 경우에는 이 법칙에서 예외라고 밝혔다. 유대 민족은 한때 다윗과 솔로몬 왕 시대에 중동 지역을 석권하는 전성기를 구가하기도 했지만 불과 80년 전까지만 해도 민족 전체가 절멸될뻔한 홀로코스트의 위기를 겪기도 했다.

많은 사람들이 유대인들의 끈질긴 생명력의 비밀로 철저한 신앙 교육과 안식일 준수 그리고 그들만의 놀라운 단결력 등을 이유로 든다. 하지만 나는 유대인들의 생명력의 원천으로 시장에서의 공정한 거래를 꼽는 데 주저하지 않는다. 비즈니스에서의 공정한 거래와 유대 민족의 강인한 생명력과는 무슨 상관이 있는 걸까? 지금부터 그 이야기를 할까 한다.

토라에는 다음과 같은 기록이 있다. "오직 온전하고 공정한 저울추를 두며 온전하고 공정한 되를 둘 것이라. 그리하면 네 하나님 여호와께서 네게 주시는 땅에서 네 날이 길리라(신명기 25:15)." 여기서 온전하고 공정한 '지울추'와 '되'는 시장 거래의 기본이 되는 도량형을 뜻한다. 시장에서의 공정한 거래는 신실한 신앙심과 굳게 결부되어 있다. 학자이자 성공한 사업가이기도 한 랍비 쯔비 허쉬 코이도너버(Tzvi Hirsch Koidonover, 1648-1712)는 "금전적인 면에서 신뢰가 가는 사람만이 종교적으로 신실하다"라고 말했다. 다시 말하면 하나님을 진정으로 섬기느냐의 여부는 예배를 드리는 회당 보다 비즈니스 거래가 이뤄지는 시장에서 어떻게 행동하느냐에 달려 있다는 것이다. 유대인들을 이를 실천의 의미로 본다.

유대인들은 시내산에서 성문 토라와 구전 토라를 받는 순간 하나님의 말씀을 보존하고 배워서 자손 대대로 전달할 의무(실천)를 지게 된다. 유대인들이 배우는 것 이상으로 실천을 강조하는 이유가 이 때문이다. 실천의 중요성을 얘기하는 탈무드의 재미있는 이야기 하나를 살펴보자. 랍비들 사이에서 배움과 실천 중 어느 것이 더 중요한가를 두고 갑론을박이 벌어졌다. 결국 오랜 논쟁 끝에 랍비들은 다음과 같은 결론을 내렸다. "배움이 더 중요하지만 배움 그 자체만으로는 충분하지 않다. 오로지 실천이 동반될 때에만 배움이 의미를 갖는다(Kiddushin 40b)." 그 밖에도 "배움이 아니라 실천이 중요하다(Pirkei Avot 1:17)" "배운 것보다 더 많이 실천하라(Pirkei Avot 6:5)" "실천하기 위해 토라를 배울 때라야 실천할 수단이 주어진다(Pirkei Avot 4:5)." 그리고 뛰어난 토라 학자의 자질 48가지 중 하나로 "실천하기 위해 배우기(Pirkei Avot 6:6)"를 소개하기도 한다. 그리고 토라의 가르침을 일상에 실천하는 자에게 주어지는 보상으로 "현세와 내세에서의 생명(Pirkei Avot 6:7)"을 제시하기도 한다. 이처럼 토라를 배우고 실천하는 것은 하나님이 유대인에게 맡긴 핵심 과제다. 유대인들은 토라의 가르침을 삶에서 실천할 때 그 의미가 더욱 깊어지고 가르침의 열매를 맺을 수 있다고 생각한다.

현실에서 실천이 가장 중요하게 이뤄지는 공간은 다름 아닌 비즈니스 현장이다. 탈무드는 "밀가루 없는 곳에 토라 없고 토라 없는 곳에 밀가루 없다(Pirkei Avot 3:17)"라고 했다. 이 말은 비즈니스(밀가루)는 하나님의 말씀(토라)를 실천하기 위해 누구나 힘써야 하는 매우 중요한 삶의 요소라는 뜻이다. 재래시장에서 돼지고기와 쇠고기를 주로 파는 정육점 주인을 생각해보자. 그는 하루에도 수없이 많은 고객을 상대한다. 공정한 거래를 하는 상인이라면 절대 무게를 속이는 일은 하지 않을 것이다. 하지만 불량한 상인이라면 고객들이 한눈을 파는 사이에 저울의 눈금을 살짝 속일 것이다. 만약 이런 불공정 거래가 드러나면 어떻게 될까? 그 고깃집이 신뢰를 잃는 것은 물론이고 시장 전체로 불신은 확산된다. 그 불신은 결국 시장의 붕괴를 앞당기는 결과를 초래한다.

홍익희 교수의 책『유대인 경제사』를 보게 되면 통화의 불신으로 로마 제국이 멸망하게 되었디는 흥미로운 이야기가 나온다. 로마의 네로 황제는 재정을 확보하기 위해 은전을 주조할 때 아주 미량의 구리를 섞었다. 처음에는 알아볼 수 없을 정도였다. 이후로 많은 로마 황제들도 손쉽게 재정을 확보할 요량으로 은전에 구리를 조금씩 섞었다. 그런데 나중에는 이것이 은전인지 동전인지 구분하기 어려울 지경에까지 이르고 만다. 통화에 대한 불신이 확산되자 시장에서는 더 이상 로마의 은전을 통화로 인정해 주지 않았다. 시장은 점차 붕괴하기 시작했고 돈 대신 현물을 맞교환하는 물물교환이 대신 성행했다. 이로 인해 식량 조달에 어려움을 겪게 된 도시 사람들은 농촌으로 이주하지 않을 수 없게 되었고 결국 인구 유출에 따라 도시가 점차 쇠퇴하면서 로마 제국은 무너지고 말았다.

유대인들은 시장에서의 정직하지 못한 거래는 많은 사람들에게 손해를 입힐 수도 있고 공동체 전체에 크나큰 해악을 끼칠 수 있는 매우 무서운 범죄 행위로 간주한다. 탈무드에서 랍비들은 정직한 상업 거래를 위해서 아주 세세한 부분까지 꼼꼼히 살피고 규정을 지켜야 한다고 강조한다. 미국의 저명한 저널리스트인 래리 캐해너(Larry Kahaner)가 쓴 책 『비즈니스 성공의 비밀, 탈무드』를 보게 되면 오래전부터 상업 거래에 쓰이는 각종 용기와 저울추, 자 등은 항상 깨끗하게 보관해야 한다고 탈무드는 강조했다. 심지어 액체에 떠 있는 거품을 어떻게 제거하는지, 물기가 있는 음식과 바싹 건조시킨 음식은 어떻게 측정해야 하는지까지도 탈무드는 세세히 규정하고 있다. 게다가 고객과 맺은 계약이라도 원래 계약 조건과 차이가 날 때를 대비해 고객을 위한 계약 취소 보증 기간을 별도로 정하는가 하면 반품과 환불도 가능하도록 했다. 이뿐만이 아니다. 고용주 입장에서 직원들을 어떻게 대해야 하는지 직원의 흥미와 기술 또는 적성 등을 고려해서 어떤 일을 주어야 하는지 정기적으로 휴게 시간을 어떻게 주어야 하는지도 탈무드는 세세하게 기록하고 있다. 특히 급여를 제때 주는 것이 고용주의 가장 중요한 의무라고 규정하는 대목도 있다. 급여는 노동자들에게는 생명과도 같기 때문이다. 그리고 직원들은 출근하기 전 업무에 충실할 수 있도록 심신을 준비해야 하며 근무 시간을 철저히 준수하고 다른 사적인 일을 금해야 한다는 내용도 나온다. 고용주의 허락 없이 아무리 작은 물품이라도 회사의 것을 사적으로 유용해선 안 된다는 규정도 있다. 이 모두는 서로 정직하고 공정한 거래 관계 속에서 비즈니스가 이뤄져야 한다는 것을 강조하는 탈무드의 가르침이다.

이와 같이 유대인들은 공정 거래를 통해 시장의 질서를 유지하는 것을 무척 중요한 일로 생각한다. 시장은 사람들이 모여 거래를 하는 장소로서의 기능뿐만 아니라 종교적인 관점에서도 하나님이 중요하게 생각하는 영적인 장소이다. 토라의 가장 큰 계명 중 하나는 "네 이웃을 네 몸과 같이 사랑하라 (레위기 19:18)"이다. 이 계명을 가장 잘 실천할 수 있는 장소로서 시장 만한 곳도 없다. 시장에서는 서로가 서로를 위해 최선을 다해 일하는 곳이다. 그렇기 때문에 시장에서는 누구도 손해를 보지 않아야 하고, 거래에 참여하는 모든 사람들도 정도의 차이는 있을지라도 골고루 부를 획득할 수 있어야 한다. 그래서 거래를 하면 할수록 더 많은 부가 시장 참여자들에게 분배되어야 한다. 그런데, 여기서 고객을 속이기 위해 누군가가 정직하지 못한 거래를 한다면? 앞에서 든 로마의 예처럼 한 사람의 문제로 그치지 않고 시장 전체 나아가 한나라 전체의 명운을 좌우하게 될지도 모른다. 유대인들은 하나님이 시장을 사랑하신다는 것을 너무나도 잘 안다. 그래서 그들은 시장에서의 거래에 언제나 성심성의껏 최선을 다하는 태도를 견지해왔다. 이런 태도가 유대인들의 생존에 크게 이바지했음은 물론이다.

탈무드에는 하늘의 대심판정에서 누구나 받게 될 질문들이 몇 가지 있다고 말한다. 그 질문 목록 중 가장 상위에 있는 질문이 바로 "비즈니스 거래에서 정직했느냐?(Shabbat 31a)"이다. 그리고 이어지는 두 번째 질문이 "토라를 정기적으로 공부했느냐?(Shabbat 31a)"이다. 하나님이 유대인에게 부여한 사명, 곧 말씀 맡은 자의 사명을 생각한다면 토라를 공부했느냐 하는 질문이 가장 먼저 등장해야 할 것 같다. 하지만 예상과 달리 정직한 비즈니스를 했는지를 먼저 묻는다. 이유는 간단하다. 도덕적인 비즈니스 거래는 고객은 물론 시장 참여자 모두에게 골고루 이익을 분배해 하나님이 가장 좋아하는 이웃 사랑의 계명을 가장 잘 실천할 수 있게 해주기 때문이다. 이는 토라를 공부한다는 것은 개인적인 유익에 그치는 반면 정직한 거래는 사회 전체적인 이익에 기여하기 때문에 후자가 전자보다 더 중요하다는 시각을 갖고 있음을 보여주는 것이라 할 수 있다.

나는 시장에서의 공정한 거래를 하던 습관이 유대인들의 생존에 있어 매우 중요한 역할을 했다고 생각한다. 아무리 토라를 많이 배우고 알아도 그 가르침이 삶에서 실천되지 않으면 아무런 소용이 없다. 탈무드에는 "하나님의 축복은 보이지 않는 것에 임한다(Taanit 8b)"는 구절이 있다. 비즈니스 당사자들 간의 거래는 믿음으로 성사되기 때문에 각자가 얼마나 정직한지 그렇지 않은지는 거래 당사자들만 안다. 하지만 비즈니스 거래를 투명하게 한다면 그 거래에는 반드시 축복이 임한다. 그래서 유대인들은 아무도 보지 않을 때조차도 신실한 거래를 오랫동안 지켜왔다. 이는 5000년 세월 동안 유대인들이 사라지지 않고 건재할 수 있게 해준 중요한 이유가 된다. 우리도 이를 본받아야 한다는 사실에는 두말할 여지가 없다.

투자

분산, 가치, 장기 투자를 하는 습관

세계적인 투자가들 중에 특히 유대인들이 많다는 것은 이미 잘 알려진 사실이다. 그중에 가장 유명한 사람은 아마도 조지 소로스(George Soros)가 아닐까 싶다. 조지 소로스는 헤지 펀드의 대가로 20세기 금융계의 신화적 존재로 추앙받고 있는 인물이다. 그는 1969년에 투자 회사 퀀텀 펀드를 설립하며 10여 년 간 무려 4,200%라는 경이적인 투자 수익률로 세상 사람들을 깜짝 놀라게 했다. 현재 그의 재산은 약 70억 달러(한화로 약 8조 원)에 달한다. 유대인 출신 투자가 중에는 조지 소로스만 있는 것은 아니다. 세계 상위 30위 안에 드는 헤지 펀드 대부분은 유대인들이 주도하고 있다고 해도 과언이 아니다. 유독 돈과 관련해서 두각을 나타내는 유대인들, 투자와 관련해서는 어떤 생각을 갖고 있는지 하나씩 살펴보자.

탈무드는 투자와 관련해서 여러 곳에서 다양한 내용으로 언급을 한다. 다만 어떤 곳에 투자해야 투자 수익을 많이 얻을 수 있는지보다는 안전한 원금 회수를 더 중요하게 말한다. 랍비들이 조언하는 투자 전략의 가장 중요한 포인트는 분산 투자와 가치 투자다. 주식 투자 같은 재테크에 관심이 많은 독자라면 한 번쯤은 들어봤을 법한 용어다. 투자자들이 금과옥조처럼 여기는 분산 투자의 원칙은 "계란을 한 바구니에 몽땅 담아 두어선 안 된다"는 말로 집약된다. 이는 투자 포트폴리오를 다양하게 구성해 혹시라도 있을지 모를 투자 원금 손실 위험을 최소화해야 한다는 것을 의미한다. 랍비들은 분산 투자의 아이디어를 토라(창세기 32:8)에서 가져온다. 이야기를 옮겨오면 다음과 같다.

야곱은 장자권(Birthright, 첫아들이 갖는 책임과 특권)과 그 축복을 받기 위해 형 에서를 속인 이후로 형과 오랫동안 불화를 겪고 있었다. 하란의 외삼촌 댁에서 결혼을 하고 많은 재산도 모은 야곱은 형과 화해하고 싶었다. 그래서 자기 가족을 두 팀으로 나누고 선물로 줄 양과 낙타 등도 두 그룹으로 양분한 뒤 형 에서에게 보냈다. 혹시라도 화가 덜 풀린 형이 먼저 도착한 가족을 죽이더라도 나머지 가족이라도 도망칠 수 있게 하려는 야곱의 조치였다. 랍비들은 이 이야기를 분산 투자의 한 형태로 본다.

탈무드에서도 분산 투자에 대한 얘기가 나온다. "사람은 반드시 항상 자금의 유동성을 확보하고 있어야 하는데, 그렇게 하려면 전체 돈의 1/3은 땅과 같은 부동산에, 1/3은 주식과 펀드와 같은 투자처에, 1/3은 만일의 사태에 대비하여 현금으로 쥐고 있어야 한다(Bava Metzia 42a)." 이 말은 부동산은 그 가치가 쉽게 떨어지는 법이 없지만 수익을 내는 데까지는 시간이 걸리고, 주식과 펀드는 잘만 투자하면 수익률이 매우 높지만 그만큼 손실을 입을 위험도 크므로 적절히 공격적 투자와 방어적 투자를 잘 해야하고, 뜻밖의 사태에 대비하기 위해서는 현금 유동성도 마련해 둬야 한다는 분산 투자의 필요성을 역설했다고 할 수 있다.

다음은 가치 투자다. 고대 랍비들이 활약하던 시대에는 오늘날의 주식 시장 같은 것이 없었지만 당시 농산물에 대한 선물 시장 같은 것은 있어서 동업으로 투자하거나 돈이 될 만한 땅을 매입하여 차익을 노리는 투자자들이 있었다. 랍비 중에서 특히 바르 카파라(Bar Kapara, BC180-220)가 "시장에서 저평가된 물건을 사두어라. 결국에는 가격이 오를 것이다(Tanhuma Mishpatim 5)"라며 가치 투자를 적극 권장했다.

분산 투자와 가치 투자의 중요성을 모르는 투자자는 아마 없을 것이다. 분산 투자와 가치 투자는 둘 다 장기 투자를 전제로 한다. 하지만 현실 속 투자자들은 다르게 움직인다는 것이 문제다. 대부분의 투자자들은 높은 수익률에 빠른 원금 회수를 기대하며 단기 투자를 노린다. 이런 사람들에게 투자는 빠르게 돈을 불리고자 하는 자기 욕망의 실현 수단일 뿐이다. 탈무드에서 랍비들은 그런 사람들을 대상으로 투자 전략을 설명하지 않는다. 오히려 투기적 성향을 가진 투자자들에 대해 랍비들은 성경 말씀을 빌려 다음과 같이 꾸짖는다. "속히 부자가 되고자 하는 자는 형벌을 면치 못하리라(잠언 28:20)."

유대인들은 어린 시절부터 돈 버는 법과 투자 공부를 습관처럼 익혀왔다. 역대 FRB(미 연방준비제도이사회) 의장인 앨런 그린스펀도 5세 때부터 아버지로부터 주식과 채권에 대해 배우며 경제 감각을 키웠다고 한다. 유대인 부모들은 투자에 대한 교육을 시킬 때 자녀가 초등생이 되면 어린이 펀드에 가입시켜 용돈이 불어나고 줄어드는 것을 보게 함으로써 투자에는 위험이 따르고 인내심이 필요하다는 것을 자연스레 깨닫게 한다. 그리고 성년식을 치르고는 남은 돈으로 저축이나 주식, 펀드 등에 투자하도록 한다. 이 모두 장기 투자의 중요성을 가르쳐주려는 유대인 부모들의 노력들이라 할 수 있다.

여기서 중요한 한 가지는 자선과 투자가 크게 다르지 않다는 점을 함께 가르친다는 점이다. 유대인들은 오래전부터 자선 활동을 부의 비밀 중 하나로 믿고 투자도 자선의 한 방식으로 생각했다. 그래서 자선의 가장 높은 단계는 돈을 빌려주는 것이라 생각했다. 돈을 빌려주는 것, 즉 투자가 자선이라니? 믿기 어렵겠지만 설명을 들어보면 금방 이해가 간다.

자선은 어려운 이웃에게 일시적으로 도움이 될 순 있겠지만 잘못하면 수혜자에게 의존증을 유발시킨다. 그래서 가장 좋은 자선은 수혜자 스스로가 자신의 생계를 책임질 수 있도록 돕는 것이라 할 수 있다. 여기서 돕는다는 행위가 돈을 빌려준다는 것을 뜻하고 이는 매우 합리적인 투자로 연결된다. 이렇게 되면 일단 금전의 대차 관계에서 돈을 빌려주는 사람과 빌리는 사람이 동등한 입장에 서게 되고 빌리는 사람은 빌려주는 사람에게 미안해할 필요가 없어진다. 그리고 이렇게 해야 돈을 빌린 사람은 돈을 갚아야 한다는 의무감이 생기고 자연스레 의존증에서도 벗어날 수가 있다.

이외에도 불우한 이웃이 재기할 수 있도록 돕는 방법으로 직업 알선, 고용, 동업 등도 있다. 특히 동업은 창업 아이디어나 기술이 있으나 자본이 없어서 어려움을 겪는 이들에게 꼭 필요한 비즈니스 전략이다. 유대인들은 율법에 따라 같은 유대 동족에게는 돈을 빌려주더라도 이자를 받아선 안 되고(신명기 23:19), 돈을 빌려 달라는 요구를 거절해서도 안 된다(신명기 15:7-8)고 가르친다. 그래서 투자하는 방식으로의 동업을 권장하는데 이를 '헤테르 이스카(Heter Iska, 사업 허가)'라고 한다.

유대인 부모의 지도 아래 중학생 때부터 익힌 투자와 경제

공부에 대한 습관은 경제적으로 윤택한 삶을 살기 위한 평생 지침이 된다. 많은 유대인 청년들이 고등학교나 대학을 졸업할 때쯤 꽤 높은 수익으로 목돈을 쥐고 창업에 나선다. 그 아래에는 모두 이 같은 과정이 숨어 있었다고 할 수 있다. 대학교를 졸업하면 학자금 융자를 갚느라 대부분 빚쟁이로 시작하는 우리 청년들과는 사뭇 대조적인 모습이다. 아닌 게 아니라, 우리 부모님 세대는 아이가 어렸을 때 돈에 대해 가르치는 것 자체를 터부시할 뿐만 아니라 돈 관리나 투자에 대해서 가르쳐줄 수 있을 정도로 기초 지식을 갖고 있지도 않았다. 우리들은 그만큼 재무적으로 좋은 습관을 들이기 어려웠고 배우는 시기도 매우 늦을 수밖에 없었다.

랍비 다니엘 라핀(Daniel Lapin)은 돈에 대해 이렇게 설명한다. "돈은 인간의 모든 창조적인 에너지를 수량한 것으로 인간의 모든 능력을 표현한 총체이며 얼마나 많은 사람들을 돕고 섬겼는지를 측정하는 지표이다." 그는 한발 더 나아가 "돈이란 하나님의 기적이고, 우리의 삶을 훌륭하고 건강하고 생산적으로 살아갈 수 있게 해주는 수단"이라고까지 주장했다.

이 같은 돈에 대한 무한 긍정은 돈을 매개로 한 인간 공동체의 평화(샬롬, Shalom)에 기여한다. 샬롬은 모든 것이 넉넉하고 풍족해서 부족함이 없는 상태를 말한다. 돈을 매개로 해서 서로가 서로를 돕게 되면 모두가 샬롬을 누릴 수 있다. 심지어 경제적 이익을 서로 나누면 싸움과 전쟁이 발생할 여지도 대폭 줄어든다.

그래서 유대인들의 경제관 중심에는 돈이 아니라 사람이 위치한다. 돈은 이웃을 잘 섬긴 대가로 받는 것이라고 생각한다. 올바른 방법으로 돈을 많이 번 부자는 존경의 대상이고 하나님도 그를 흐뭇한 미소로 바라본다. 하지만 올바르지 않은 방법으로 돈을 모으는 것은 남의 돈을 강탈하거나 도둑질한 것과 같다. 그런 돈은 더러운 돈이기 때문에 자선에 써서도 안 된다. 투자도 마찬가지다. 이웃을 섬기는 노동과 같이 자선하는 마음으로 해야 올바른 투자다. 그렇지 않은 투자, 이기적인 목적에 기반한 투자는 투기다. 어렸을 때부터 이웃을 돕는 자선 활동에 참여하고 이웃을 섬기는 건전한 노동의 대가로 투자 수익에 만족할 줄 아는 사람이라면 이기적인 욕망을 누를 줄 알고 투기의 유혹에 넘어가지 않을 것이다. 이런 사람들이 존경을 받는 진정한 부자가 된다.

최근 우리 사회는 '주린이(주식 어린이)'이라는 신조어를 출현시킬 정도로 너도나도 투자 열풍에 휩싸이고 있다. 하지만 안타깝게도 모두들 단기적인 시세 차익에만 너무 혈안이 되어 있다. 주식 투자는 유대인의 개념으로 보면 가장 상위의 자선 활동이라 할 수 있다. 그렇기 때문에 자선 활동은 절대 한탕주의처럼 해서는 안 된다. 믿음을 가지고서 오랫동안 이웃 사랑의 마음으로 투자하는 것이 진정한 자선 활동이다. 투기가 아니라 투자를 해야 한다는 것은 우리가 꼭 유대인으로부터 배워야 할 중요한 습관이다.

조화

변하지 않는 진리를 지키는 습관

4차 산업 혁명의 시대라고 한다. 변화가 어찌나 빠른지 변화의 추이가 바다의 용오름처럼 가파르다. 빅데이터, 인공지능, 로봇, 3D 프린팅, 자율주행 자동차, 사물 인터넷 등 최첨단 신기술들이 만들어내는 변화의 속도는 지금까지 우리가 경험했던 어떤 변화의 속도보다도 빠르다. 여기에 2020년의 코로나 팬데믹 사태는 변화의 속도를 더욱 높였고 우리의 삶을 더욱 극적으로 변화시켰다.

이런 급변하는 시대에 우리는 어떻게 적응하고 대처해야 할까? 유대인이라고 해서 이런 고민에 마냥 자유로울 수는 없다. 하지만 유대인들은 오히려 변화를 즐기고 주도하고 있다. 이스라엘은 1990년대 후반부터 창업이 가장 활발한 세계 최고의 창업 국가로 손꼽힌다. 잘 알려진 대로 세계 최고의 IT기업인 구글과 페이스북의 창업자들은 유대인 출신이다. 이스라엘에는 2019년 기준으로 6,332개의 스타트업이 있고 1인당 창업비율이 세계에서 가장 높은 나라다. 한 해 평균 660여 개의 기업들이 새롭게 문을 연다. 이스라엘의 유망 벤처 기업들 중 다수는 미국 나스닥에 상장되어 있는데 미국과 중국 다음으로 가장 많은 수를 차지하고 있다. 텔아비브 대학교와 세계 5대 기초과학연구소라고 하는 와이즈만 연구소가 있는 텔아비브시에는 1,800여 개의 벤처기업들이 밀집해 미래를 준비하고 있다. 이중 기업 가치가 1조 원이 넘는 소위 '유니콘' 기업들은 20여 개에 달한다.

이 같은 수치만 봐도 유대인들이 급변하는 시대에 잘 적응하며 세상을 리드하고 있다는 것을 알 수 있다. 그들은 한쪽으로는 토라와 탈무드로 상징되는 변하지 않는 가치를 붙들고 다른 한쪽으로는 변화의 시대를 주도하는 선구자적인 모습을 보여주고 있다. 이들에게 어떤 비결이 있길래 이런 일이 가능한 걸까? 변하지 않는 것과 변하는 것 사이의 균형과 조화를 유대인들은 어떻게 이끌어내는 걸까? 이 비밀의 열쇠는 이스라엘 국기를 보면 알 수 있다. 이스라엘 국기는 하얀 바탕에 파란색 줄이 위아래로 나 있고 국기의 한 가운데에 파란색의 '다윗의 별'이 그려져 있다. 다윗의 별은 '다윗 왕의 방패'라는 뜻을 가진 히

사진 9 - 이스라엘 국기

사진 10 - 이스라엘 전통파 유대인

브리어 '마겐 데이비드(Magen David)'에서 유래되었다. 이것은 창세기 1장 1절의 "태초에 하나님이 천지를 창조하셨다"라는 말씀을 의미하며 더 나아가서는 유대인과 유대교를 상징하는 표식으로 오랫동안 사용되어 왔다. 다윗 왕을 이은 솔로몬 왕이 처음으로 다윗의 별을 유대 왕의 문장으로 삼은 이후 현대에 와서는 시온주의자인 테오도르 헤르츨이 1897년에 주도한 제1차 시오니즘 대회에서 자신들을 상징하는 표식으로 다윗의 별을 쓰기 시작하며 '다윗의 별'은 처음으로 공식화되었다. (시오니즘은 유대 국가 건설을 위한 유대 민족주의 운동을 말한다.) 그리고 이스라엘이 독립을 선언한 1948년 10월 28일부터 정식 국기로 사용되기 시작했다.

다윗의 별을 하나씩 뜯어보면 똑바로 서 있는 정삼각형과 거꾸로 서 있는 정삼각형이 위아래로 겹쳐진 육각형 별 모양이라는 것을 알 수 있다. 랍비 마빈 토케이어는 그의 저서 『왜 유대인인가』에서 똑바른 정삼각형은 절대 변하지 않는 것을, 뒤집어진 정삼각형은 늘 변하는 것을 상징한다고 설명했다. 이를 이해하기 위해서는 그들의 경전인 토라와 탈무드를 생각해보면 된다. 토라는 변하지 않는 진리를 대표한다. 반면 탈무드는 변하는 다양한 의견을 대표한다. 토라는 절대적인 하나님의 말씀이기에 일점일획도 더하거나 빼서는 안 되지만 탈무드는 절대적인 진리를 삶에 적용해야 하기에 다양한 해석과 의견을 추구한다. 이처럼 유대인들은 자신들의 삶을 지탱하는 경전 속에서도 변하지 않는 것과 변하는 것을 잘 조화시키며 살고 있다.

탈무드에서는 유대인들을 두고 곧잘 갈대에 비유하곤 하는데 매우 적절한 비유라고 생각한다. 갈대는 아주 잔잔한 바람에도 매우 민감하게 반응한다. 하지만 절대로 쓰러지지는 않는다. 바람이 부는 방향에 따라 이리저리 흔들릴 뿐 그 중심 줄기는 언제나 꼿꼿하게 서있다. 이는 마치 시대의 변화에 민감하게 반응하면서도 그 정체성은 결코 바뀌지 않는 유대인들의 모습을 닮았다고 하겠다. 아무리 변화에 잘 대응하는 유대인이라 하더라도 종교심이 남다른 정통파 유대인들이 구글과 페이스북의 창업주들처럼 최첨단 산업에서 두각을 나타내기는 어렵다. 그렇지만 이들은 신의 말씀에 밝고 전문적인 훈련을 거친 랍비들이 되어 일반 유대인들에게 토라와 탈무드의 지혜를 제공하는 역할을 한다. 토라와 탈무드에서 뽑아낸 절대 불변의 진리와 변화하는 상황에 유연하게 대처하는 지혜는 현실의 첨단 직종에서 일하고 있는 유대인들에게 변화의 급류에 휩쓸리지 않도록 중심을 잡아주는 역할을 하고 있다고 볼 수 있다. 그래서 유대인 사회는 불변의 가치를 추구하는 유대인들과 세상의 변화를 주도하는 유대인들이 뒤섞여 조화와 균형을 이룬다.

삶의 현실은 항상 변화무쌍하다. 변화무쌍한 삶 속에서 변하지 않는 진리를 찾고 이를 적용한다는 일은 결코 쉬운 일이 아니다. 다윗의 별은 급격한 변화의 시대일수록 변하지 않는 진리에 더욱 주목하고 천착해야 한다는 지혜를 떠올리게 한다. 마치 급류에 휩쓸린 사람이 튼튼한 바위나 나무를 더욱 강하게 붙들어야 살아남을 수 있는 것과 같다. 세상의 급격한 변화 속에서도 무엇을 소중하게 지켜내야 하는지 아는 유대인들은 우리가 배워야 할 중요한 모습 중 하나라 할 수 있다.

고난

역사를 잊지 않는 습관

유대인들은 역사적으로 반유대주의 때문에 수많은 핍박과 고난을 당해왔다. 그들은 같은 비극을 겪지 않기 위해 조상들이 겪은 비극의 날을 매년 절기로 쇠며 고난의 역사를 기억한다.

미국 LA, 그중에서도 유대인들이 많이 거주하는 베벌리 힐스에 가면 나치 독일의 홀로코스트 대학살을 기록한 '관용의 박물관(Musium of Tolerance)'이 있다. 바로 옆에는 유대인 학생들이 다니는 중고등학교가 있다. 그곳 학생들은 박물관을 수시로 드나들면서 아픈 역사를 기억한다. 이스라엘 예루살렘에 가면 '야드 바셈(Yad Vashem)'이라는 홀로코스트 추모관이 있다. 이곳에는 나치 독일이 저지른 유대인 대학살 관련 증거 자료들이 빼곡하게 전시되어 있다. 이 외에도 미국 워싱턴 D.C.와 뉴욕에도 홀로코스트 기념관이 있고, 나치 독일의 심장부였던 베를린에도 홀로코스트 기념관이 있다.

유대인들에게 홀로코스트는 가장 잔혹한 운명을 상징한다. 2차 세계대전 당시 나치 독일에 의해 약 8년간 무려 600만 명이 학살당한 사건이다. 이는 반유대주의 역사 중 가장 극악하고 잔인한 사건이라 할 수 있다. 아주 오래전부터 유대인들은 메시아로 오신 예수를 십자가에 죽게 했다는 혐의와 너무 뛰어나다는 이유로 항상 증오와 질투의 대상이 되어 왔다. (기독교에서는 예수를 하나님에 버금가는 존재로 여기는 반면, 유대교에서는 예수 역시 사람의 하나로 본다. 이런 이유로 기독교에서는 유대인들이 예수를 십자가에 못 박히게 했다고 주장한다. 이는 유대인 박해의 빌미로 항상 작용한다.) 반유대주의는 보통 개종(改宗), 추방(追放), 멸절(滅絕)로 보는데 1938년부터 1945년 사이에 벌어진 나치 독일의 유대인 대학살은 멸절 단계에 해당한다. 유대인들은 이 역사적 비극을 잊지 않기 위해 자녀들에게 끊임없이 고통의 역사를 되풀이해서 가르친다. 같은 비극을 두 번 다시 당하지 않기 위해서다.

인간은 고통과 고난의 기억을 쉽게 잊는 습성이 있다. 이스라엘 출신의 세계적인 심리학자이자 신경 과학자인 탈리 샤롯 교수는 이를 '설계된 망각(Optimism Bias)'이라는 개념으로 설명한다. 우리 뇌는 이중성이 있어서 나쁜 기억이나 고통스러운 기억은 재빨리 잊어버리려는 특징을 갖고 있다. 이는 인간의 생존

사진 11 - 베를린에 있는 홀로코스트 기념관

사진 12 - 마사다 요새 전경

에 꼭 필요한 장점이기도 하지만 같은 이유로 동일한 실수를 반복하는 단점이 되기도 한다. 이 주장대로라면 우리는 고난의 날을 기억하기 위해 많은 노력을 기울여야 한다. 망각에 익숙한 뇌를 깨우고 긴장을 늦추지 않기 위해서는 정기적이고 반복적인 접근이 필요하다. 유대인들은 이를 가장 잘 실천하는 사람들이라 할 수 있다.

홀로코스트 기념관과 함께 유대인들이 비극의 역사로 기억하는 또 다른 곳이 있다. 지금은 이스라엘을 방문한 관광객들이 반드시 들르는 유명 관광 명소인 곳이다. 지금으로부터 약 2천 전 그러니까 서기(AD) 70년경 이스라엘 최후의 저항군이 로마 군대에 맞서 싸우다 함락당한 마지막 항전지, 바로 960여 명의 희생자를 낸 마사다(Masada) 요새이다. 이곳은 이미 헤롯 시대 때부터 전쟁에 대비한 최후의 피난처로 활용되고 있었다. 이스라엘 사해 서쪽에 자리 잡은 마사다는 천혜의 요새로 해수면 기준으로는 높이 40미터에 불과하지만 사해를 기준으로는 440미터에 이른다. 당시 로마군과의 싸움에서 유대인들은 이곳에서 3년여를 버티며 결사 항전을 했다. 로마군이 유대인 포로 6천 명을 앞세워 서쪽 벽에 누벽(樓壁)을 세우고 요새 안으로 진입을 시도하자 유대인들은 부녀자와 아이 몇 녕을 제외하고는 전원 자살을 선택한다. 한 가지 특이한 점은 자살하기 전에 당시 유대인 저항군을 이끌던 엘리아자르 벤 야이르 장군이 병사들이 입었던 갑옷과 창고에 남아 있던 모든 식량을 모두 마사다 정상에 쌓아 두게 했다는 것이다. 마사다 정상에 오른 로마군들은 수많은 시신들 사이로 보이는 갑옷과 곡식 더미를 보고 무엇을 느꼈을까? 장군은 전투력이 없거나 식량이 부족해서 자살한 것이 아님을 보여주려 했던 것 같다. 로마군에게 죽어서도 강력한 저항 의지가 있음을 과시하려 했던 것이다. 실제로 유대인들은 이스라엘군의 장교 임관식을 매년 마사다 정상에서 연다. 마사다에서 최후까지 항전하다 로마의 노예가 되는 걸 거부하고 장렬하게 자살을 택한 당시 저항군들의 의기를 본받아 강군이 될 것을 다짐하는 의례다. 현재 이스라엘군은 중동 지역 최강의 군대로 정평이 나있다. 1948년 이스라엘 독립 이후 이웃 아랍 국가들과 벌인 네 번의 큰 전쟁에서 모두 승리하면서 누구도 무시할 수 없는 강력한 군사력을 보유하고 있음을 증명했다.

유대인들에게 가장 비극적인 날은 따로 있다. 바로 티샤바브(Tisha B'Av)다. 유대력으로는 아브(Av)월 9일이며 태양력으로는 7월 말 혹은 8월 초에 해당한다. 아브월 9일은 이스라엘 역사에서 비극적인 사건이 너무나도 자주 발생하는 아주 이례적인 날이다. 특히 하나님을 모신 성전이 두 차례나 이날 무너졌기 때문에 그 슬픔의 강도는 상상을 초월한다. 기원전(BC) 586년 아브월 9일에는 솔로몬 성전이 바빌론의 느브갓네살 왕에 의해 파괴되었고 10만 명의 유대인들이 살해당하고 수백만 명이 추방당했다. 656년이 지난 서기(AD) 70년 아브월 9일에는 티투스 장군이 이끄는 로마군에 의해 헤롯 성전(2차 성전)이 완전히 파괴되었다. 이때는 200만 명 이상이 죽고 100만 명 이상이 추방당했다. 유대인에게 하나님을 모신 성전인 솔로몬 성전과 헤롯 성전이 한날한시에 무너진 것은 보통 비극적인 일이 아니었다.

이스라엘 역사를 살펴보면 이후에도 셀 수 없이 많은 비극이 아브월 9일에 발생한다. 서기(AD) 132년 시몬 바르 코크바가 로마 지배에서 벗어나고자 유대인들과 함께 반란을 일으켰는데 마지막으로 로마군과 벌였던 베이타르 전투에서 유대 반란군이 하드리아누스 황제가 이끄는 로마군에게 대패한 그날도 역시 아브월 9일이었다. 이때도 10만 명 이상의 유대인들이 죽임을 당했다. 그리고 정확히 1년 뒤인 이듬해 아브월 9일에는 로마인들이 아예 예루살렘 성전산을 파괴해버렸다. 성전산은 예루살렘 구시가지에 있는 종교적 성지로 예나 지금이나 유대인들에게는 가장 거룩한 곳이다. 지금도 이곳은 이슬람교, 유대교, 기독교 모두에게 성지인 곳이어서 끊임없이 유혈 분쟁이 발생하는 지역이기도 하다.

중세와 현대로 넘어와서도 아브월 9일의 비극은 계속된다. 1095년 아브월 9일 교황 우르바노 2세가 첫 번째 십자군 전쟁을 선포했다. 이슬람 세력을 예루살렘에서 몰아내기 위해 벌인 이 전쟁에서 애꿎게도 유대인 50만 명 이상이 예루살렘에서 학살당했다. 1290년 아브월 9일에는 영국에서 유대인들이 대규모 추방을 당했고, 1492년에는 스페인 이사벨라 여왕이 칙령을 내려 유대인들에게 그 해 아브월 9일까지 스페인에서 완전히 떠날 것을 명령했다. 1919년 아브월 9일에는 예루살렘에서 아랍인들이 반란을 일으키기도 했으며, 1942년 아브월 9일에는 폴란드의 바르샤바 게토에서 유대인들이 대규모로 추방당하기도 했다.

이렇게 비극으로 점철된 티샤바브 날, 유대인들은 경건하게 마음을 다해 하루 동안 금식을 하며 회개하는 시간을 갖는다. 머리 자르는 일도 세탁하는 일도 심지어 다림질한 옷을 입는 것도 하지 않는다. 이날은 고기도 먹지 않고 부부 관계도 맺지 않고 오로지 자신들과 그들의 조상들이 저지른 사악한 죄악들만 회개하고 기억한다. 향후에는 그런 죄악을 다시는 저지르지 않도록 언행이나 생각에서 모두 조심할 것을 다짐한다.

티샤바브 외에 유대인들이 조상들의 고통을 기억하는 절기가 또 하나 더 있다. 바로 유월절(逾越節, Pesach)이다. 이날은 고대 이스라엘인들이 모세의 인도에 따라 노예 생활하던 이집트를 탈출한 것을 기념하는 절기다. 이 탈출을 출애굽(出埃及, Exodus)이라고 한다. 매년 유월절 첫날 저녁이 되면 유대인들은 이집트에서 노예로 살았던 조상들의 고통을 기억하기 위해 쓴 나물을 소금물에 적셔 먹거나 누룩 없는 빵인 마짜를 반드시 먹는다.

사진 13 - 이스라엘 성전산 위 아랍인들이 세운 바위돔 사원

사진 14 - 성전산 통곡의 벽에서 회개 기도를 올리는 유대인

이처럼 유대인들은 고통과 고난이 점철된 역사를 살아오면서 이를 기억하는 것이 얼마나 중요한지 너무나 잘 알고 있다. 역사 속 고통과 비극의 날들을 절기로 쇠며 한사코 이날들을 잊지 않고 기억하려고 애쓴다. 조상들의 실수를 반복하지 않으려는 의도도 있지만 그런 비극을 낳은 자신들의 과오도 함께 되돌아보고, 위기 속에서 구원해 주신 하나님께 감사하는 시간을 갖기 위함이다.

우리는 일제 해방의 날인 8월 15일 광복절은 기념하지만 뒤이어 다가오는 경술국치일(8월 29일)에 대해서는 굳이 기억하려고 하지 않는다. 이날은 일본에 의해 강제로 국권을 피탈 당한 대단히 수치스러운 날이다. 일본의 속국이 된 대한제국은 일제 36년 동안 엄청난 고통의 세월을 보냈다. 지금까지도 그 원한이 풀리지 않고 있음을 우리는 너무나도 잘 알고 있다. 어디 이뿐인가? 조선이 청나라에 항복을 선언하고 인조가 삼전도에서 청 태종 앞에 나아가 무릎을 꿇고 항복한 날은 1637년 2월 24일이다. 지금 이런 치욕의 날을 기억하는 한국인은 과연 몇이나 될까? "역사를 잊은 민족에겐 미래가 없다"라는 말이 있다. 예루살렘의 야드 바솀 홀로코스트 기념관에는 다음과 같은 글귀가 새겨져 있다. "망각은 쫓겨남을 자초하나 기억함은 구원의 비밀이다." 고난의 역사도 의도적으로 반복해서 기억하지 않는다면 서서히 잊혀지기 마련이다. 그래서 또 다른 고난의 역사를 맞이하는 빌미가 되기도 한다. 이는 어느 민족에게나 마찬가지다. 외세 침략의 아픈 역사가 유독 많은 우리도 결코 잊지 말아야 할 교훈 이다.

쾌락

이웃, 가족과 함께 기쁨을 즐기는 습관

2014년쯤 매주 일요일 토라를 공부할 때였다. 수업이 시작됐는 데도 랍비가 제시간에 나타나지 않았다. 이윽고 나타난 그의 모습은 흡사 술기운에 완전히 취한 사람 같았다. 아니나 다를까, 랍비는 그 전날 밤늦게까지 과음을 했다고 말했다. 평소 유대인들은 취할 때까지 술을 잘 마시지 않는 것으로 알고 있는데 너무나 의외라서 랍비에게 어떻게 그렇게 술을 많이 마시게 됐냐고 물었다. 그러자 그는 전날이 부림절(Days of Purim)이었는데 이날만큼은 술을 많이 마셔 사람을 못 알아볼 정도로 대취하는 것이 유대인들의 전통이라고 했다. 1년 중 딱 하루 바로 부림절 하루만큼은 의무적으로 그렇게 취하도록 마셔야 한다는 것이었다. 나중에 알고 보니 진짜 탈무드에는 술을 진탕 마시는 부림절 전통에 대한 기록이 있었다.

부림절은 유대력으로 아달(Adar)월 14일, 태양력으로는 2월에서 3월 즈음에 찾아온다. 부림절은 BC 500년경 페르시아 제국의 지배를 받을 당시 총리대신 하만에 의해 300만 명에 달하는 이스라엘 민족 전체가 몰살당할 뻔한 위기에 처했을 때, 모르드개와 그의 사촌 에스더 왕비의 기지로 이스라엘 민족 전체가 구원받은 사건을 기념하는 축제다. 그래서 몰살의 위기에서 구원받은 일을 기뻐하기 위해 유대 성인 남자들은 매년 부림절에 코가 삐뚤어질 때까지 포도주를 마신다. 여기서 포도주는 쾌락을 뜻하고 포도주를 마시고 대취한다는 것은 생의 기쁨을 마음껏 만끽한다는 것을 뜻한다. 탈무드에 언급된 부림절에 대한 언급은 다음과 같다. "부림절에는 누구나 저주받은 하만과 축복받은 모르드개를 못 알아볼 정도로 술을 마셔야 한다(Megillah 7b)."

유대인들에게 포도주는 기쁜 날 마시는 대표적인 술이고 쾌락이다. 일반인들에게 쾌락을 안겨주는 것은 돈(money)과 성(sex)이다. 하지만 유대인들은 지나치게 돈이 많은 것도 반대로 너무 적은 것도 경계한다. 또한 성에 대해서도 지나치게 금욕적인 것도 지나치게 즐기는 것도 삼간다. 유대 문헌에 나오는 다음의 이야기는 유대인들의 쾌락에 대한 균형 감각을 잘 말해주는 사례라 할 수 있다(Akeidat Yitzchak 67:8).

어떤 배가 항해 도중 아름다운 섬을 발견했다. 배에 탄 사람들은 그 섬에 들러 풍경을 즐기면서 쉬어가기를 원했다. 결국 배는 섬에 잠시 들러 정박하기로 한다. 그 섬에는 가지각색의 아름다운 꽃들이 만발해 있고, 탐스러운 과일들이 나무에 주렁주렁 매달려 있었다. 선장은 순풍이 불고 배가 떠날 때가 되면 호루라기를 불 테니 늦지 않게 도착해달라고 당부했다. 첫 번째 사람들은 자신들이 섬에 상륙해 있는 동안 순풍이 불어와 배가 떠날지도 모른다고 생각했다. 그래서 이들은 아무리 섬이 아름다워도 아예 섬으로 내려갈 생각을 하지 않았다. 두 번째 사람들은 얼른 섬으로 내려가 향기로운 꽃향기를 맡고 나무 그늘 아래에 앉아 쉬었다. 잠시 쉬었다가 과일을 몇 개 따 먹고는 얼른 배로 돌아왔다. 세 번째 사람들은 두 번째 사람들보다는 섬에서 좀 더 충분한 시간을 보냈다. 하지만 순풍이 불어오자 배가 떠나는 줄 알고 허겁지겁 뛰어 돌아왔다. 하지만 소지품을 잃어버렸고 배 안의 자리마저도 빼앗겼다. 네 번째 사람들은 순풍이 불어와 배가 닻을 올리는 건 보았지만 돛을 달려면 아직 시간이 있다고 생각했다. 그리고 설마 선장이 자신들을 두고 떠날 거라고는 생각하지 않았다. 하지만 자신들의 바람과 달리 배가 움직이기 시작하자 이들은 세 번째 사람들과 마찬가지로 허겁지겁 헤엄을 쳐서 배에 올랐다. 그 바람에 몇몇은 뱃전에 부딪혀 상처를 입기도 했다. 다섯 번째 사람들은 너무 많이 먹기도 하고 너무 아름다운 경치에 도취해 배가 출항하는 것도 알지 못했다. 이들은 나중에 맹수의 밥이 되거나 독이 든 열매를 먹고 모두 죽고 말았다. 위의 여행자들 중에서 가장 바람직한 사람은 누굴까? 탈무드에서는 두 번째 사람들이 가장 바람직한 사람이라고 얘기한다. 첫 번째 사람들은 너무 금욕적이고, 세 번째와 네 번째 그리고 다섯 번째 사람들은 정도의 차이는 있으나 지나치게 쾌락에 빠진 사람들이라고 지적한다.

그동안 나는 안식일과 특정 절기에 유대인들의 초대를 받아 그들이 자신들의 이웃 그리고 가족들과 어떻게 시간을 보내는지 관찰할 기회가 종종 있었다. 이들은 언제나 초대한 이웃들과 함께 즐겁게 음식을 먹고 포도주를 마시며 담소도 나누고, 때로는 함께 기도하고 회개하며 때로는 함께 춤을 추고 기쁨의 노래를 불렀다. 우리에게도 추석이나 설날과 같이 인생의 고단함을 잊고 마음껏 즐길 수 있는 명절이 있다. 이날만큼은 유대인들처럼 가족 또는 공동체가 함께 모여 하루를 온전히 즐기는 데 써 보면 어떨까?

절제

욕망을 다루는 습관

삶에서 절제하는 능력은 매우 중요하다. 어떤 것에 매몰되지 않고 통제할 수 있는 역량이 바로 절제에서 나오기 때문이다. 앞서 살펴본 대로 유대인들은 안식일이 되면 어떠한 일도 할 수가 없다고 했다. 흔히 쓰는 스마트폰이나 TV도 켤 수가 없고 자동차도 몰 수 없다. 당연히 요리도 할 수 없다. 온전히 일에서 벗어나 가족과 함께 지내면서 세상일에 빠진 자신을 절제하며 지낸다.

유대인들에게 율법을 지킨다는 것은 인간의 욕망을 절제한다는 의미가 있다. 뭔가 하고 싶은 일을 마음대로 하는 것은 '자유'라는 이름으로 찬양받을 수 있지만 자유가 지나치면 '방종'으로 흐른다. 방종은 제멋대로 행동하여 거리낌이 없을 때를 이르는 말이다. 방종이 되면 일종의 브레이크가 필요하다. 그 브레이크가 바로 절제력이다. 탈무드에는 현자들이 "누가 강한가?"라고 묻고 "자기 욕망을 절제할 줄 아는 사람"이라고 답하는 장면이 나온다(Pirkei Avot 4:1). 성경 잠언(16:32)에서는 "노하기를 더디 하는 자는 용사보다 낫고 자기의 마음을 다스리는 자는 성을 빼앗는 자보다 나으니라"라고 하며 분노를 조절할 줄 아는 절제력을 강조한다.

탈무드는 사람의 됨됨이를 파악할 때 '키소(Ciso)' '카소(Caso)' '코소(Coso)' 등 3가지 잣대를 제시한다(Eruvin 65b). 여기서 '키소'는 돈주머니를 뜻하며 다른 사람과의 돈 거래 버릇을 말하고, '카소'는 분노를 뜻하며 화내는 버릇을 말한다. 마지막으로 '코소'는 술잔을 뜻하며 술버릇을 말한다. 즉, 돈과 분노와 술을 어떻게 절제할 줄 아느냐로 그 사람의 됨됨이를 파악했다.

특히 분노에 대해서는 더욱 강력한 절제력을 발휘할 것을 요구한다. 유대 현자들은 분노를 가장 악한 감정의 하나로 간주하고 분노하는 자 앞에 모든 지옥이 펼쳐진다고 말했다. 심각한 죄악을 저지를 확률이 그만큼 높아지기 때문이다. 심지어 분노하는 자를 '우상 숭배자'라고 부르며 강하게 질책하기도 한다(Mishneh Torah, Human Disposition 2:3). 분노를 발하는 이유를 자기 자신만 믿고 교만하기 때문이라고 본다. 그런 사람은 설령 하나님이 눈앞에 나타났다 하더라도 분을 멈추지 않을 것이라고 우려한다. 탈무드는 쉽게 화내고 오래도록 화를 그치지 않는 이런 자를 사악한 자라고 말한다(Pikei Avot 5:11). 언제 어디서나 화내는 것을 자제하고 또 자제해야 한다. 화를 낼 합당한 이유가 있더라도 화를 내선 안 된다. 이것이 현자들의 일관된 주장이다.

스마트폰 중독은 전 세계 모든 나라들이 공통적으로 앓고 있는 문제다. 특히 어린 아이들일수록 이러한 중독에 빠지기 쉽다. 언젠가 한국에 거주하고 있던 랍비 오셔 리츠만(Osher Litzman)을 불러 학부모 강의를 연 적이 있다. 그때 학부모 중 한 명이 랍비에게 이렇게 질문을 한 적이 있다. "아이들에게 언제 스마트폰을 허용해야 하나요?" 랍비의 대답은 이랬다. "혹시 당신은 날카로운 칼을 언제쯤 자녀에게 주십니까? 아마도 자녀들이 칼을 자유자재로 잘 사용할 줄 아는 나이에 줄 것입니다. 스마트폰도 마찬가지입니다. 자녀들이 스마트폰을 절제력 있게 사용할 수 있을 때 주는 것이 가장 좋습니다."

유대인 아이들은 일주일 중 단 하루, 안식일 동안은 스마트폰을 만질 수가 없다. 아무리 스마트폰 게임이 좋아도 전혀 할 수도 없고 해서도 안 된다. 그러니까 최소한 일주일에 한 번은 과몰입된 스마트폰으로부터 멀어질 수 밖에 없다. 이것은 절제력을 기르는 중요한 포인트다. 정기적으로 사용과 중단을 반복하면서 스스로 절제력을 기르고 나아가 스마트폰 중독에 빠지는 것도 스스로 예방한다고 할 수 있다.

한국 청소년들의 스마트폰 중독률은 무슨 통계 자료를 들이밀지 않더라도 위험하다는 것에 대해 누구나 인식하고 있다. 비단 한국만의 문제는 아니다. 프랑스 정부는 2018년 9월부터 스마트폰 디톡스(해독)라고 해서 유치원부터 중학교까지는 교내에서 스마트폰 사용을 아예 금지하는 정책을 시행하고 있다. 스마트폰 중독을 막으려면 청소년들에게 하루 한 시간 이내로 사용을 제한해야 한다고 전문가들은 말한다. 아무리 전문가들의 조언이라지만 스마트폰에 빠져 있는 아이들에게 하루 한 시간 정도 사용 제한을 가한다는 것은 말처럼 쉬운 일이 아니다. 그렇더라도 일주일에 한나절 정도 시간을 정해서 자녀들과 함께 스마트폰 사용을 중단해보는 것은 어떨까?

자제력은 유대인에게만 필요한 것은 아니다. 누구에게나 필요하다. 자녀에게 절제의 미덕을 가르쳐 줄 수 있는 부모는 스스로도 절제할 줄 아는 부모다. 휴대폰 사용에 있어서 부모부터 절제하는 시간을 가져보자. 어쩌면 부모 입장에서 이게 제일 어려운 일인지도 모르겠다.

구별

거룩함에 이르게 하는 습관

유대인들은 스스로를 다른 민족과 구별된 민족이라고 생각한다. 그 밑바탕에는 하나님이 유일하게 자신들을 하나님의 백성으로 선택했다는 생각이 짙게 깔려 있다. 하나님이 자신들을 선택했다고 믿는 선민사상(選民思想)은 유대 정신의 기저를 이루면서 다른 민족과의 차별성을 부각하고 구별된 삶을 당연한 것으로 여기는 의식으로까지 확대되었다.

서울에서 랍비에게 토라를 배울 때의 이야기이다. 한번은 랍비에게 안식일에 초대를 해달라고 부탁을 한 적이 있다. 유대인 랍비가 한국에서는 어떻게 안식일을 보내는지 궁금했다. 안식일에는 한국에 거주하는 유대인들이 다수 모인다는 소식도 들었던 터라 분위기도 궁금했고 한국계 유대인들과 친분도 쌓을 수 있을 것 같았다. 다른 랍비들로부터도 안식일 식탁에 초대받은 적이 있었기 때문에 이번에도 흔쾌히 허락할 줄 알았다. 하지만 웬걸, 기대와 달리 랍비는 필자의 초대 부탁을 일언지하에 거절했다. 필자를 안식일에 초대하면 한국인 5천만 명을 다 초대해야 한다나, 그래서 다른 이들에게는 비밀로 할 테니 꼭 초대해 달라고 거듭 부탁을 했다. 하지만 랍비의 결정을 뒤집지는 못했다.

유대인들은 이방 민족과 섞이는 것을 무척 싫어한다. 특히 식사를 함께하는 것도 꺼린다. 유대인과 비유대인이 함께 식사를 하게 되면 서로 간에 친밀감이 생겨 남녀 사이라면 연인 관계로 발전해 결혼할 수도 있고, 그런 유대인들은 나중에 이방 민족에 동화되어 유대인으로서의 정체성을 잃을 수 있다고 보기 때문이다. 그래서 유대인들은 '코셔(Kosher)' 율법을 지킨다는 명목으로 다른 민족들과 함께 하는 식사 자리를 한사코 피한다. (코셔 율법이란 종교적 계율에 따라 음식을 가려 먹는 것을 말한다.) 유대인들은 이를 일종의 구별(區別)이라고 생각한다. 유대인들에게 구별은 '거룩(Holy)'의 의미와 같다. 유대인들은 스스로 거룩하고 또 거룩해야 한다고 믿는다. 토라에 여러 차례 반복하고 있는 하나님의 말씀이 있다. "내가 거룩하니 너희도 거룩하라 (레위기 11:45)."

구별의 반대말은 섞임이다. 섞임은 상호작용 속에서 서로 영향을 주고받아 결국엔 구별이 없어진다는 것을 의미한다. 토라에는 실제로 하나님이 섞임을 경계하는 구절이 여러 번 나온다. "네 포도원에 두 종자를 섞어 뿌리지 말라. 그리하면 네가 뿌린 씨의 열매와 포도원의 소산이 다 빼앗김이 될까 하노라. 너는 소와 나귀를 격리하여 갈며 양털과 베실로 섞어 짠 것을 입지 말지니라(신명기 22:9-11)." 유대인들은 하나님이 섞임을 극도로 싫어하기 때문에 자기들도 하나님 백성으로서 다른 민족들과의 섞임을 한사코 거절해야 한다고 믿는다. 이처럼 유대인에게 구별의 전통은 매우 강력하고 그 역사가 길다.

유대인들은 돈도 구별한다. 돈 중에서 하나님께 바쳐지거나 제사장에게 받치는 돈 그리고 가난한 자들을 위한 구제 헌금과 십일조를 일반 돈과 구별한다. 예루살렘에 성전이 있던 시절에는 성전과 다른 건물을 엄격히 구별했다. 성전에 희생 제물로 바쳐진 동물들 역시 다른 동물들과 구별했다. 성전에 쓰이는 그릇이나 용기와 같은 기명(器皿)들도 일반 기명과는 철저히 구별했다. 남녀도 구별하기 때문에 유대인들은 회당에서 예배드릴 때 같이 섞어 앉지 못한다. 이뿐만이 아니다. 시간을 구별하는 것은 안식일이다. 안식일은 다른 평일과 달리 모든 일로부터 자유로운 날이다. 유대인들은 안식일에 쓰는 그릇과 평일에 쓰는 그릇도 구별했다. 사람도 구별했다. 첫아들은 거룩한 아들로 하나님에게 바쳐진다. 물론 진짜로 첫아들을 성전에 바치진 않는다. 대신 일정한 금액을 성전에 내면 첫아들을 성전에 바친 걸로 친다. 대표적으로 성경에서 첫아들을 성전에 바친 인물로 한나가 있다. 그 아들이 바로 이스라엘의 마지막 사사(士師) 사무엘이다.

유대인들은 하나님의 명령에 따라 매사에 구별된 삶을 살려고 애쓴다. 세계 인구의 0.2%밖에 안 되는 유대인들이 나라도 없이 2500년 동안 세계를 떠돌면서도 다른 이방 민족에 동화되지 않고 자신들의 정체성을 지키며 생존할 수 있었던 데에는 뼛속 깊이 새겨진 구별 의식이 있었기 때문이다. 하지만 유대인들의 구별 의식은 때때로 이방인들에게 유대인들을 탄압하는 반유대주의의 빌미가 되기도 한다. 유럽인들은 구별하기 좋아하는 유대인들을 게토(Ghetto)라는 일종의 거주 제한 구역을 설치하고 이곳에 격리시켰다. 심지어 히틀러는 제2차 세계대전 기간에 별도의 수용소에 유대인들을 격리시킨 다음 600만 명을 학살하는 만행을 저지르기도 했다. 제사장 나라의 백성이라고 생각하는 유대인들을 미워한 결과였다.

구별한다는 것은 스스로 특별한 존재임을 인식하는 행위다. 유대인들은 하나님 나라의 백성으로서 세속의 이방 민족과는 다르다는 점을 강조하고 거기에 걸맞은 삶을 살 것을 자손들에게 끊임없이 가르친다. 그래서 안과 밖을 구별하고 선과 악을 구별하며 내 것과 네 것을 구별한다. 유대인들은 이것을 질서라고 생각한다. 유대인들은 무질서를 경계하고 섞이는 것을 타락이라고 생각한다.

종교적 배경을 떠나서라도 유대인들의 구별 의식은 우리에게도 좋은 습관의 단초를 제공해준다. 특히 안식일의 구별은 단지 휴일의 개념을 넘어 시사하는 바가 크다. 한국 사회에서는 일과 쉼이 구별되지 않아 과로라는 위험성은 물론이고, 스스로의 정체성을 잃어가는 것에 불안과 심리적 공황, 이에 대한 피로와 아쉬움을 호소하는 일이 계속해서 늘고 있다. SNS를 통해서는 끊임없이 새로운 자아를 만들면서도 무엇이 진실된 자기 모습인지 헷갈려 하기도 한다. 그런 점에서 유대인들의 구별할 줄 아는 습관은 스스로를 아끼고 기억하는 습관이라고 할 수 있다. 디아스포라의 삶에서 스스로를 아끼고 구별했기 때문에 살아남은 것처럼 우리도 복잡한 세상사에서 스스로를 지키는 법을 유대인들로부터 배웠으면 좋겠다.

험담

말의 힘을 아는 습관

세계에서 가장 험담을 경계하는 사람들을 꼽는다면 단연코 유대인이 아닐까 싶다. 성경에서 험담을 경계하라고 누누이 경고하기도 하거니와 실제로 유대인들은 자신들이 가장 신성시하는 두 번째 성전이 험담 때문에 무너졌다고 생각해 이를 몹시 경계한다.

유대인들은 말(Speech)의 사람들이다. 유대 랍비 중에는 하나님께서 사람을 생령(Living Being)이 아니라 말하는 존재(Speaking Being)로 창조하셨다고 주장하는 현자도 있다. 세계를 두루 다니는 사람들은 말 많은 사람들로 이스라엘 사람들을 빼놓지 않는다. 필자가 만난 유대인들 중에는 그렇게 심할 정도로 말이 많은 사람은 없었지만, 유대인들이 너무 심하게 떠드는 바람에 곤욕을 치렀다는 말을 주변분들로부터 종종 들었다. 어떤 한 지인은 비행기에서 옆자리에 앉은 유대인이 비행시간 내내 말을 얼마나 많이 하던지 질릴 정도였다고도 했다. 통성명도 없이 말을 쏟아내던 유대인이 내릴 때쯤에서야 자기 이름을 물어보더란다. 이처럼 말하기를 좋아하고 즐기는 게 유대인이다. 하지만 이런 유대인일지라도 험담은 철저히 경계한다. 험담은 이웃을 욕보일 뿐만 아니라 공동체에도 심각한 위기를 초래한다고 생각한다. 나아가 험담을 살인과 같은 중대 범죄로도 여긴다.

유대인들은 험담을 '라숀 하라(Lashon Hara)'라고 부른다. '나쁜 혀'라는 뜻이다. 혀는 사람의 몸에서 가장 부드러운 기관이지만 그 위력은 어떤 기관보다도 막강하다. 토라를 포함한 성경 전체에서는 험담하는 혀를 날카로운 화살에 비유하기도 한다. 날카로운 화살은 사람의 가슴에 한 번 박히면 죽음에 이르게 하는 치명적인 상처를 낼 수도 있고 평생 안고 살아야 하는 엄청난 고통을 안겨 주기도 한다. 게다가 한 번 쏜 화살은 다시 되돌릴 수도 없다. 또 가까이 있는 사람뿐만 아니라 지구 반대쪽에 있는 사람에게까지도 마음의 상처를 입힐 수 있다.

험담을 평생에 걸쳐 연구한 랍비도 있다. 19세기의 러시아 (현재의 벨라루스)에서 태어난 '호페츠 하임(Chofetz Chaim, 생명에의 갈망)'이라는 별명으로 불리는 랍비 이스라엘 메이르 카간 (Yisrael Meir Kagan, 1838-1933)은 자신의 연구를 『세페르 호페츠 하임』(Sefer Chofetz Chaim, 생명을 갈망하는 자의 서)이라는 책에 모두 담았다. 책에 따르면 이웃에 대해서는 사실이든 아니든 간에 절대 험담을 해서는 안 된다고 강조한다. 험담은 이웃 간에 증오를 확산하고 심하면 분열을 조장한다고 했다. 유대 현자들은 두 번째 성전이 서기(AD) 70년에 로마군의 군홧발에 짓밟힌 이유를 당신 만연했던 이유 없는 증오가 원인이었다고 분석한다. 이유 없는 증오는 이웃에 대한 험담에서 비롯되었다.

탈무드는 험담을 유대인들이 가장 경계해야 하는 세 가지 죄악인 우상 숭배, 부적절한 관계, 살인 등 이 모두를 합친 것과 맞먹는 매우 심각한 죄악이라고 규정한다(Arakin 15b). 게다가 험담은 말하는 사람, 듣는 사람, 험담의 대상이 된 사람 등 세 사람 모두를 동시에 죽일 수 있는 독을 품고 있다고 전한다. 성경에서도 "사람의 생사가 세 치 혀에 달려 있다(잠언 18:21)"며 "네 혀를 악에서 금하며 네 입술을 거짓말에서 금하라(시편 34:13)"라고 강력하게 험담을 경계할 것을 명한다. 유대인들이 험담을 극도로 혐오하는 이유는 간단하다. 하나님의 뜻과는 정반대이기 때문이다. 인간은 하나님의 말씀으로 세상에 창조되었고, 유일하게 하나님을 닮은 존재다. 그런 인간이 하나님으로부터 받은 능력이 바로 말이다. 말은 인간과 동물을 구분 짓는 잣대며 말에는 사물, 사람, 시간을 바꿀 수 있는 엄청난 힘이 숨겨져 있다. 어떤 말을 골라 쓰느냐에 따라 세상은 좋은 곳으로도 악한 곳으로도 바꿀 수 있다는 것이 유대 현자들의 주장이다.

한 사회가 어떤 것에 민감하면 그것에 대한 구체적 양상이 매우 다양해진다. 그 양상은 그대로 그들이 쓰는 언어에 반영된다. 유대인들은 험담의 종류를 무려 다섯 가지로 분류하고 경계할 것을 주의한다.

첫째는 '리힐루트(Rechilut, 가십형 험담)'이다. 어떤 사람이 다른 사람에게 어떻게 말하고 행동하는지 그 장본인에게 알리는 것을 말한다. 예를 들어 A와 B를 서로 친한 사이라고 하자. 제3자인 C가 A에게 말하기를 "B가 당신의 험담을 하고 다닌다"라고 말한다면 A는 그때부터 B를 의심하기 시작한다. 의심이 의심을 불러 결국 상황이 악화되면 둘 사이에 감정 싸움이 벌어질 수도 있다. 이처럼 가십성 험담은 둘 사이의 평화를 깨고 이간질을 통해 불화를 초래하는 매우 나쁜 험담이다.

둘째는 '라숀 하라(Lashon Hara, 사실적 험담)'이다. 어떤 사람에게 불쾌감이나 해를 유발할 수 있다는 사실을 알든 모르든 의도적으로 떠들고 다니는 경우가 이에 해당한다. 예를 들어 어떤 사람이 전과자인데 그 사람이 전과자라고 여기저기 떠들고 다니는 행위는 전형적인 라숀 하라에 속한다. 그 사람이 전과자인 것은 사실이지만 그 사실을 당사자는 극구 감추고 싶어한다. 치욕스럽기 때문이다. 물론 전과자임을 알릴 필요가 있는 경우는 예외다. 예를 들면 가까운 곳에 성범죄 전과자가 살고 있음을 알리는 것은 라숀 하라에 속하지 않는다.

셋째는 '모찌 셈 라(Motzi Shem Ra, 허위 사실을 포함한 중상모략)'이다. 어떤 사람에 대하여 허위 사실을 퍼뜨려 중상모략을 하는 것을 말한다. 사실로 확인되지 않은 나쁜 소문을 퍼뜨려 당사자를 곤경에 빠뜨리는 행위는 험담 중에서도 가장 나쁜 험담에 속한다. 온갖 허위 조작 정보를 퍼뜨리는 행위는 대표적인 모찌 셈 하라라 할 수 있다.

넷째는 '오나아트 드바림(Ona'at Devarim, 모욕적 비난)'이다. 모욕감이나 감정적 아픔을 유발하는 말을 서슴지 않고 하는 경우가 이에 해당한다. "넌 뚱뚱해서 싫어!" "공부도 못하는 게 어디서!"처럼 직접적으로 비난하는 말을 내뱉으면 상대방에게는 평생에 남을 아픈 상처를 주게 된다.

다섯째는 '아바크 라숀 하라(Avak Lashon Hara, 은근한 험담)'이다. 경계성 험담이라고도 한다. 얼핏 들으면 험담이 아닌 것 같지만 곰곰이 생각하면 험담일 수 있는 말이나 행동을 말한다. "잘한다 잘해" "네가 그러면 그렇지" "그 사람 이야기는 꺼내지도 마" "그 사람 과거는 굳이 이야기하고 싶지 않아"와 같이 직접적으로 말하지는 않지만 그 속내가 드러나는 험담이다. 그리고 비웃는 듯한 표정을 지으면서 상대의 몸을 위아래로 훑어보는 경우도 이에 해당한다. 심지어는 A를 무척 싫어하는 B 앞에서 A의 자랑을 늘어놓는 경우도 이 험담에 속한다.

사람들은 왜 이렇게 뒷담화나 험담을 참지 못하고 심지어 즐기기까지 하는 것일까? 이에 대해 랍비들은 다음의 여섯 가지 이유를 든다. 첫 번째는 다른 사람들에 대한 부정적인 태도나 시각, 두 번째는 다른 사람을 멸시하는 오만, 세 번째는 혐오, 네 번째는 주체하지 못하는 분노, 다섯 번째는 질투, 마지막 여섯 번째는 험담으로 이어지기 쉬운 과도한 수다를 이유로 든다.

험담을 해결할 치료 방법으로 랍비들은 이 여섯 가지의 원인을 뒤집어서 생각해볼 것을 권한다. 여기에 더해 기도와 토라 공부를 언급한다. 랍비들은 이 두 가지가 사람을 하나님께로 더 가까이 다가가도록 해 험담을 원천적으로 봉쇄한다고 믿는다. "토라는 사람을 겸손하게 하고 하나님을 두려워하게 만든다. 또한 그가 의롭고 신실하고 공평하며 믿음 좋은 사람이 되도록 한다(Pirkei Avot 6:1)."

험담을 가장 확실하게 없애는 마음가짐은 뭐니 뭐니 해도 겸손이다. 남을 나보다 낫다고 생각하는 태도인 겸손은 감사하는 습관에서 비롯된다. 개인적으로 나는 험담을 삼가는 방법으로 감사 일기를 써볼 것을 권하고 싶다. 나 역시도 매일 감사 일기를 쓰고 있다. 감사할 거리를 찾으니 세상을 따뜻하게 바라보게 된다. 긍정적인 안목을 기르는 데엔 더없이 좋다. 실제로 유대인들에게는 아주 오랜 옛날부터 감사하는 습관과 문화가 일반화되어 있다. 감사 노트를 마련하여 매일 세 가지 이상 감사 기록을 남긴다면 머지않아 이웃을 대하는 태도에도 따뜻한 변화가 나타날 것이다. 그때쯤이면 험담하는 나쁜 습관도 함께 사라질 것이다.

감사
겸손의 마음을 갖는 습관

유대인들은 감사가 몸에 배어 있다. 모든 소유물의 주인을 하나님으로 생각하는 유대인들에게 감사는 어쩌면 당연한 일인지도 모르겠다. 유대 현자들은 하나님을 대면하려면 감사하는 마음을 결코 잊어서는 안 된다고 말한다. 심지어 감사하는 것 자체가 하나님을 만나는 행위라고 규정한다. 미드라시(Midrash)에도 만약 메시아의 시대가 도래하면 다른 모든 기도가 사라져도 감사 기도만큼은 결코 사라지지 않을 것이라고 단언하는(Vayikrah Rabbah 9:7) 장면이 나온다. 메시아 시대에는 모든 것이 풍요롭고 부족함 없이 만족스럽기 때문에 결핍을 해결해달라는 기도는 더 이상 필요 없고 오로지 하나님의 따뜻한 사랑에 감사하는 기도만 남아있을 뿐이라는 것이다.

유대 현자들은 이웃에게도 항상 감사해야 한다고 말한다. 탈무드에 이런 구절이 있다. "물을 마신 적이 있는 우물에는 흙덩이를 던져 넣지 말라(Baba Kamma 92a)." 이 말은 한마디로 배은망덕한 짓을 해서는 안 된다는 의미다. 은혜를 입고도 그것을 망각한 나머지 패악을 저지르는 사람들이 적지 않은데, 자신이 어려울 때 도와준 사람의 은혜를 잊는 자는 사람으로서 할 도리가 아니라는 뜻이다.

감사는 겸손한 사람들에게서 찾아볼 수 있는 두드러진 특징이다. 아주 사소한 것에도 감사할 줄 아는 사람이기에 이들은 불만이 없다. 그저 모든 것이 남의 도움이 있었기에 가능하다고 생각한다. 그래서 감사할 대상이 끊이지 않는다. 탈무드에서 랍비 벤 조마(Ben Zoma, 생몰연대 미상)의 감사 이야기는 매우 유명하다. "제게 편리함을 주기 위해 이 모든 사람들을 창조하신 분에게 복이 있을지어다. 최초의 인간 아담이 빵을 먹기 위해서는 밭을 갈고, 씨를 뿌리고, 추수를 한 후, 밀을 빻고, 반죽하고, 굽는 등의 복잡한 단계를 거쳐야 했다. 옷을 입기 위해서는 양털을 깎고, 세척하고, 빗으로 빗고, 물레를 돌려 직조해야 했다. 하지만 지금은 다른 사람들이 수고를 마다 않고 빵과 옷을 만들어 놓았기에 그런 수고를 직접 하지 않아도 된다. 따라서 우리는 빵을 먹거나 옷을 입을 때마다 당연히 우리 대신 수고를 한 그들에게 감사해야 한다(Berachot 58a)."

유대인의 감사 문화는 자신들의 자녀 교육에서도 빠지지가 않는다. 유대 격언에는 "감사의 말이 혀에 붙기 전에 아이들에게 아무런 말도 가르치지 말라"는 말이 있을 정도다. 유대 아이들은 '모데 아니(Modeh Ani, 나는 감사한다)'라는 기도문을 암송하며 하루를 시작한다. "감사드립니다. 하나님, 크신 자비와 성실하심으로 당신은 내 영혼을 내게 허락하셨나이다."

시간은 사실 모두에게 선물로 주어진 것이다. 우리는 삶의 시간이 주어지도록 어떠한 노력도 한 적이 없다. 하루하루 주어진 시간은 우리의 공덕이 아니라 온전히 선물로 주어졌다. 그러니 매 순간 우리의 삶은 그런 선물이 계속해서 이어지는 기적과도 같다. 이를 어찌 감사하지 않을 수 있겠는가! 그렇다면 뭔가 혜택을 꼭 입어야만 감사한 것인가? 그렇지는 않다. 유대인들은 고통과 고난의 순간에도 감사를 잊지 않았다. 고통은 우리를 죄로부터 깨끗하게 하거나 하나님의 사랑 때문이거나 그도 아니면 우리를 더 성장시키기 위함이라고 이해한다. 고통을 겪고 나면 어떤 식으로든 보상이 주어진다고 믿는다. "하나님은 선하시니 어떤 상황에서도 자신의 백성을 파멸시키거나 악한 곳으로 이끌지 않으신다." 이런 확고한 신념은 유대인들로 하여금 어떤 상황에서도 감사를 그치지 않게 하는 원동력이 된다.

감사는 표현할수록 더 강해진다. 우리의 삶을 돌아볼 때 감사할 내용은 차고 넘친다. 긍정심리학의 대가인 마틴 셀리그만은 부정적이고 우울한 감정을 긍정적이고 밝은 감정으로 전환시킬 수 있는 방법으로 감사 일기를 적극 권장한다. 그의 실험에 의하면 우울증 환자를 대상으로 감사 일기를 쓰게 했더니 대부분의 환자들이 훨씬 더 행복감을 많이 느끼면서 우울증 증세가 호전되었다고 한다.

감사는 우리 내면에 드리워진 부정적인 기류를 씻어내고 인생을 긍정적으로 바라볼 수 있게 한다. 미국의 저널리스트인 제니스 캐플런은 1년 동안 감사 일기를 쓴 경험을 바탕으로 펴낸 책 『감사하면 달라지는 것들』에서 "감사는 마음을 긍정적인 상태로 만들어주는 일종의 정신 훈련"이라고 말했다.

나도 감사 일기를 쓰고 있다. 감사 일기는 길어야 5분이면 충분하다. 하루에 다섯 가지 정도만 감사할 내용을 찾아도 마음이 환해지는 것을 경험할 수 있다. 결코 어려운 일이 아니다. 여러분도 당장 시도해 보면 좋겠다.

청결
교만을 씻어내는 습관

2020년은 세계적으로 유행한 코로나 전염병으로 인해 일상이 완전히 무너진 한 해였다. 사람들은 서로 만남을 꺼려했고 학생들은 학교에 갈 수 없었으며 일부 직장인들은 재택근무를 해야 했다. 사람들은 여행을 갈 수 없었으며 사랑하는 가족을 돌보지도 못했다. 전염병 하나로 전 세계가 마비되는 모습은 현세대 사람들이 처음 경험해보는 재앙이었다. 이는 인류 역사 이래 그 어느 때보다도 국가 간의 인적 교류가 활발해지면서 나타난 현상이라고 할 수 있다. 바이러스 확산을 막기 위해 개인 방역의 중요성은 이제 말하지 않아도 될 수준까지 올라왔다. 손 씻기와 마스크 쓰기는 빼놓을 수 없는 일상이 되었다.

유대인들에게 청결은 우리가 알고 있는 '깨끗함'의 의미를 넘어서는 좀 더 깊은 뜻을 담고 있다. 유대인들은 실제로 거룩 (聖, Holiness)이나 성결(聖潔, Sanctification)이라는 말에 이어 청결(淸潔, Cleanness)이라는 말을 가장 많이 사용한다. 거룩은 영적인 구별을, 성결은 영혼과 마음의 깨끗함을, 청결은 몸과 주변 환경의 깨끗함을 말한다. 거룩함과 성결을 유지하기 위해서는 청결이 필수적이다. 청결은 종교적으로 매우 중요한 정결(淨潔)과 밀접한 관계를 맺고 있다. 정결의 반대는 부정(不淨)이다. 정결과 부정의 개념은 죽음과 관련이 깊다. 유대 율법은 죽은 사람 또는 동물 사체를 만진 사람은 부정하다고 하여 영밖에서 최대 7일까지 격리돼 생활하거나 사람들과 접촉을 해선 안 된다고 규정하고 있다. 그가 만지는 모든 것은 부정하게 된다고 믿기 때문이다. 생리 중인 여성도 유대교에서는 부정하다고 생각한다. 그 이유는 난자의 죽음과 관련 있다. 생리는 정자와 수정하지 못한 난자가 스스로 사멸되면서 생기는 현상인데 이를 죽음과 연관시켜 부정이라고 보는 것이다. 시체나 동물의 사체를 만진 사람이든 생리 중인 여성이든 간에 애초의 정결한 상태를 다시 회복하려면 일정한 기간을 거쳐 정결탕(미크베, Mikveh)에 몸을 담그고 나와야 한다. 예를 들면 생리 중인 여성의 경우 생리가 끝난 날로부터 7일을 꼬박 기다렸다가 정결탕에 몸을 담그고 나서야 다시 제의적으로 정결함이 회복되었다고 본다.

하나님을 예배하는 성소(聖所)는 유대인들에게 가장 거룩한 장소이다. 가정을 성소라고 믿는 유대인들에게 당연히 집을 청결하게 유지해야 한다는 것은 물어보나 마나한 일이다. 실제로 율법에 따라 유대인들은 가정을 까다로울 정도로 깨끗이 청소한다. 그들은 매주 돌아오는 안식일을 보내기 위해 어김없이 집안 대청소를 하고 안식일에는 깨끗하고 정갈한 옷으로 갈아입는다. 옷 세탁도 사전에 해 둔다. 안식일 저녁 식탁에서는 아예 손 씻는 순서가 따로 있다. 아버지가 할라 빵을 손으로 자르기 전에 안식일 식탁에 참여하는 모든 이들은 거실 구석에 마련된 개수대에 가서 손부터 씻고 와야 한다.

안식일뿐만 아니라 유월절(逾越節, Pesach), 오순절(五旬節, Shavot), 초막절(草幕節, Sukkot) 등 유대인들의 3대 전통 절기가 돌아오는 날이면 더더욱 세심하고 꼼꼼하게 온 집 안을 깨끗이 청소한다. 이중에서도 특히 청결을 중요시하는 절기가 유월절이다. 유대인들은 유월절 절기를 앞두고 몇 주 전부터 집 안의 모든 가구와 집기와 식기들을 뜨거운 물에 삶거나 불에 그을리는 방법으로 집 안 곳곳을 꼼꼼히 닦아내고 소독한다. 유월절은 3300년 전 이집트의 노예였던 이스라엘 백성들이 모세의 인도에 따라 이집트를 탈출한 사건을 기념하는 절기다. 유대 조상들이 이집트에서 너무 급하게 탈출하다 보니 밀가루 반죽에 누룩을 넣어 빵을 구울 틈이 없었다. 이때 먹었던 누룩 없는 빵이 바로 마짜(matza, 무교병)다. 마짜는 지금 흔히 볼 수 있는 비스킷과

사진 15 - 식료품점에서 살 수 있는 마짜

사진 16 - 마사다 요새의 미크베

비슷한데 유월절에만 먹을 수 있는 특별한 빵이다. 조상들이 이집트를 탈출할 때의 그 심정을 간접적으로 체험하기 위해 마짜를 먹는다.

유월절에는 누룩을 넣지 않은 빵을 먹을 뿐만 아니라 누룩 자체를 집 안에서 완전히 제거한다. 누룩이 들어가 있는 음식들은 모두 내다 버리거나 태워버린다. 누룩은 악한 것, 더러운 것, 죄악 된 것을 상징한다. 누룩은 밀가루 반죽을 발효시키는 기능을 하는데 일종의 썩히는 과정이므로 정결한 예물을 상하게 한다는 인식이 있다. 이에 따라 성전에 바치는 제물에는 누룩을 쓸 수가 없다. 또한 누룩은 밀가루 반죽을 부풀리는 기능을 하므로 오만과 교만을 상징한다고 여겼다. 같은 의미로 유대 청소년들은 누룩 대신 책상이나 컴퓨터 깊숙이 꼭꼭 숨겨놨던 음란물 같은 부정한 물건들을 찾아내 버리기도 한다.

유대인의 이런 청결 습관이 빛을 발한 건 중세 유럽에서 발생한 흑사병이 유럽을 초토화시키던 때였다. 실제로 흑사병이 발발하던 시기에 유대인들은 거의 대부분 살아남았다. 흑사병은 페스트균에 의해 발생하는 급성 열성 전염병이다. 최대 2억 명이나 되는 유럽인들이 흑사병으로 사망했지만 청결이 습관화된 유대인들은 대재앙 속에서도 흑사병을 피할 수 있었다. 그러나 유대인들만 피해가 없다 보니 흑사병을 퍼뜨린 것이 유대인이 아닌가 하는 의심을 산 끝에 100만 명이나 되는 유대인들이 억울하게 학살당하기도 했다. 역사의 아이러니가 아닐 수 없다.

가정에서 청결을 유지하는 것은 질병 예방뿐만 아니라 정신 건강에도 좋다. 탈무드 이야기 중에는 병으로 앓아누운 학생을 위해 랍비 아키바(Rabbi Akiva, AD 50-135)가 다른 학생들을 시켜 아픈 학생의 집을 구석구석 청소하도록 했더니 병에서 회복됐다는 이야기가 있다(Nedarim 40a). 청소는 우리의 마음을 가지런하게 하고 잡념을 없애며 기운을 북돋우는 힘이 있다. 건강한 정신은 깨끗한 환경과도 서로 깊은 관련이 있다.

청소의 중요성을 말해 무엇하겠냐만은 청소하는 시간을 통해 주변을 새롭게 일신(一新)해보는 것은 어떨까? 가정에서도 학교에서도 회사에서도 모두가 참여하는 청결의 날을 정해보고 시행해보면 좋겠다.

동물 복지

동물의 아픔에 공감하는 습관

반려동물을 키우는 인구가 한국에서 1천만 명을 넘어섰다고 한다. 국민 다섯 명 중 한 명은 반려동물을 키우고 있다. 동물을 애완용으로 키우던 시대를 지나 어엿한 가족의 일원으로 대접하는 가정들이 늘고 있다. 동물 학대를 금지하고 동물 복지를 법률로 정하는 동물보호법도 1991년 제정된 뒤 여러 차례 개정을 거쳐 현재에 이르고 있다. 반려동물은 물론이고 야생 동물을 학대하거나 이유 없이 죽이는 사람들에게도 어김없이 법적인 처벌이 내려지고 있다.

이런 인식의 변화는 불과 10년에서 20년 정도 사이에 일어났다. 같이 사는 동물을 아끼는 정서는 오래전부터 있었지만 동물 복지라는 개념은 사실 최근에 등장했다고 볼 수 있다. 그런

데 유대인들에게 동물 복지는 결코 생소한 것이 아니라 아주 오래전부터 있어 왔다. 창세기를 보게 되면 하나님이 인간에게 이렇게 명령한다. "생육하고 번성하여 땅에 충만하라, 땅을 정복하라, 바다의 물고기와 하늘의 새와 땅에 움직이는 모든 생물을 다스리라(1:28)." 동식물을 지배하고 다스리라는 명령을 내렸다고 해서 마구잡이로 잡거나 학대하라는 의미는 아니다. 특히 인간의 식량이 되는 동물들에 대해서는 더더욱 그렇다. 유대인들은 이를 엄격히 금하고 있다.

대표적인 것이 '코셔(Kosher)' 도살 율법이다. 이 율법을 단순히 음식을 가려 먹는 것으로만 알고 있는데 여기에는 식량으로 사용되는 코셔 동물에 대한 배려의 마음이 담겨져 있다. 동물에 대한 배려의 마음은 인간의 성품을 고양시키는 데 대단히 중요하고 효과적이다. 성경을 보게 되면 인간이 동물을 식량으로 삼기 시작한 것은 노아 홍수 이후 부터다(창세기 9:3). 노아 홍수 이전에는 양 같은 가축들을 하나님께 드리는 제물로 썼다는 기록(창세기 4:4)은 있지만 음식으로 먹었다는 기록은 없다. 유대 현자들은 이를 두고 하나님이 대홍수 이후 식량이 부족한 사정을 들어 동물을 식량으로 사용하는 것을 허락한 것으로 해석한다. 다만 하나님은 동물의 살과 피를 함께 먹는 것은 철저히 금하셨다(창세기 9:4). 다시 말하면, 살아 있는 동물로부터 살을 떼어내 먹는 것은 엄격하게 금했다. 산 채로 살코기를 잘라낼 경우 그

동물에게는 형언할 수 없는 고통이 가해질 수 밖에 없다. 인간이 아무리 동물을 식용으로 쓴다 해도 동물에게 지독한 고통을 가하는 방식으로 도축하거나 섭취해선 안 된다는 것이 하나님의 뜻이다.

코셔(Kosher)는 '적당한' 또는 '합당한'의 뜻을 가진 히브리어이다. 유대인들은 종교적인 계율에 따라 먹지 말아야 할 음식과 먹어도 되는 음식을 구분한다. 이에 따르면 우선 채소와 과일은 모두 먹기에 합당한 코셔 음식이다. 그러나 해산물의 경우에는 반드시 비늘과 지느러미가 있는 어류만 먹을 수가 있다. 오징어, 문어, 낙지 같은 연체류, 장어나 미꾸라지 같은 비늘이 없는 어류 그리고 새우, 랍스터와 같은 갑각류 등은 먹을 수가 없다. 가금류 중에서는 특별한 조건 없이 닭, 칠면조, 오리, 비둘기 등은 먹을 수 있으나 매, 독수리 등 맹금류는 먹을 수 없게 되어 있다. 육류는 반드시 발굽이 갈라져 있고 되새김질을 하는 동물이어야 한다. 이런 동물들은 대체로 초식 동물이다. 대표적으로 소, 양, 염소, 사슴 등이 있다. 먹지 말아야 할 짐승들은 맹수나 육식 동물이다.

유대인들은 코셔 식품만을 먹기 때문에 유대인들에게 먹을 것을 선물하는 것은 큰 실례일 수 있다. 한 번은 이런 일이 있었다. 마침 추석이 가까운 시기라 함께 토라를 공부하던 동료가 우리나라 전통 한과를 랍비에게 선물했다. 랍비가 그 선물을 받더니 냉큼 다시 돌려주면서 이렇게 말했다. "고맙지만 우리는 이 음식을 먹을 수 없어요. 죄송하지만 다시 가져가 주세요." 친구는 머쓱한 표정을 짓더니 한과를 다시 챙겨 집으로 가져왔다. 랍비가 한과를 받지 않은 것은 선물을 가져간 친구의 호의를 무시한 처사처럼 보이지만 실상은 그렇지가 않다. 왜냐하면 랍비와 그 가족은 코셔 음식이 아니면 한과의 한 조각도 먹을 수가 없기 때문이었다.

먹을 수 있는 코셔 동물이라 하더라도 코셔 율법에 따라 도축 된 동물이 아니라면 먹을 수가 없다. 가축을 도축할 때는 기도와 식도 그리고 머리로 연결되는 핏줄을 단 한 번에 잘라내야 한다. 이것은 피를 빠르게 쏟게 해서 되도록 빨리 죽음에 이르게 하기 위해서이다. 불필요한 고통을 가하지 않으려는 조치다. 일부 동물복지 단체들은 유대인들의 도축 방식을 비난하기도 한다. 동물을 순식간에 죽게 만드는 다양한 방법들이 이미 개발되어 있는데 왜 지금도 칼을 사용해 도축을 하느냐는 것이다. 그게 더 가축의 고통을 가중시키는 것이니 즉각 중단해야 한다고 주장한다. 물론 코셔 율법에서 규정하는 도축 방법은 고대에 만들어졌다. 그래서 지금과는 다를 수밖에 없다. 이처럼, 유대인들은 하나님의 말씀에 따라 일찍이 동물을 학대하듯 죽여서는 안 된다는 것을 깨닫고 이를 오래전부터 실천했다.

동물 복지는 단순히 도축 과정에만 적용되는 것은 아니다.

안식일에도 적용된다. 소와 말 그리고 당나귀와 같이 가사일을 돕는 동물들은 인간이 쉬는 안식일 동안 인간과 같이 쉬어야 한다는 것이 토라의 명령이다. 만약 동물을 쉬게 하라는 명령이 없었다면 일부 꾀 많은 유대인들은 안식일에 그 가축들을 다른 이방인들에게 빌려주고 돈을 벌려고 했을 것이다. 그런 짓도 하지 말라는 것이 토라의 가르침이다. 이외에도 곡식을 밟으면서 타작하는 소의 입에 망을 씌워서는 안 된다는 계명도 있다. 소를 이용해 농작물을 수확할 때 소가 농작물을 뜯어먹을 수 있도록 허용하라는 의미다. 일당이나 품삯이 없는 소에게 주는 일종의 혜택인 셈이다. 소와 나귀를 하나의 멍에를 씌워 같이 밭을 갈게 해서는 안 된다는 계명도 있다. 서로 키나 보폭이 맞지 않아 동물들이 매우 힘들어하기 때문이다. 유대인들은 사냥과 같은 동물을 대상으로 하는 스포츠는 즐기지 않는다.

그런가 하면 토라에서 규정한 계명은 아니지만 유대인들이 일상적으로 지키는 규칙도 있다. 식사를 하기 전에 키우는 동물이 있으면 그 동물의 사료부터 먼저 챙겨주고 나서 식사를 하라는 규칙이다. 동물의 배고픔을 먼저 헤아린 뒤 사람의 배고픔을 해결해야 한다는 것이다. 사람이 배가 부르면 동물도 배가 고프다는 것을 잊고서 먹을 것을 챙겨주지 않을지도 모른다는 염려에서 나온 규정이다. 배고픈 고통을 참기 어려워하는 동물들을 먼저 배려하라는 뜻이 담겨 있다.

토라의 율법은 동물들의 육체적인 고통을 경감시키는 데에만 그치지 않는다. 동물이 느낄 심적 고통에도 관심을 기울인다. 새집에서 새알이나 새끼를 꺼낼 때 어미 새를 멀리 쫓아 보내라는 계명이 있다. 달걀을 채취할 때 어미 닭이 보는 앞에서 버젓이 알을 가져가면 안 된다는 뜻을 담고 있다. 사람들이 달걀을 가져가는 것을 어미 닭이 지켜보고 있다면 얼마나 고통스럽겠는가! 이런 소소한 계명을 잘 지켰을 때 오는 보상은 절대 소소하지가 않다. 유대인들은 새의 어미를 배려하는 것이 부모를 공경할 때의 약속된 축복인 장수(長壽)와 같다고 생각한다(출애굽기 20:12).

또 한 가지 더 예를 든다면, 새끼 염소를 그 어미의 젖으로 삶아서는 안 된다는 계명이 있다. 이 계명은 토라에 세 번(출애굽기 23:19, 출애굽기 34:26, 신명기 14:21)이나 등장한다. 보통 어미 젖은 새끼를 살리는 데 쓰이는데 그 젖으로 새끼를 삶는다는 것은 젖의 원래 목적과는 극단적으로 배치되는 행위라 할 수 있다. 유대인들은 그런 행위를 할 경우 인간 심성에도 좋지 않은 영향을 줄 수 있다고 믿는다. 그리고 이 계명이 세 번이나 반복적으로 등장한 데에는 그만큼 하나님이 이를 중요하게 생각한다는 의미도 담고 있다. 그래서 유대인들은 동물의 젖으로 만든 유제품(치즈, 우유 등)과 고기를 함께 먹지 않는다. 만약 고기를 먹은 뒤 우유가 마시고 싶다면 최소 여섯 시간을 기다렸다가 먹는다. 이스라엘 식당 중에는 입구에서 미리 종업원이 손님에게 유제품을 먹을 것인지 고기를 먹을 것인지 선택을 요구하는 식당도 있다. 피자집에서는 고기가 토핑으로 올려진 피자는 팔지 않는다. 야채 피자가 전부다. 고기와 유제품을 요리할 때도 요리 도구를 철저히 분리해 사용하고 설거지를 할 때도 따로 구분해 씻고 보관도 별도로 한다.

범죄자들을 대상으로 조사를 해보면 어릴 때 동물을 학대한 경험이 많은 사람일수록 살인자가 될 확률이 높다고 한다. 미국의 노스이스턴대학의 연구 결과에 따르면 살인범의 45%, 가정폭력범의 36%, 아동성추행범의 30%가 동물을 학대한 경험이 있는 것으로 밝혀졌다. 이들 모두는 공통적으로 범죄를 저지르기 전 동물 학대 경력이 있었다. 학대의 경험이 동물에만 그치지 않고 사람으로까지 이어지는 나쁜 연결 고리가 되는 셈이다. 우리는 어릴 때부터 동물을 아끼고 동물의 고통에 대해서 예민하게 생각하는 습관을 길러야 한다. 동물을 먹기 위해 도축하더라도 동물의 고통에 공감하며 최대한 이들의 고통을 줄이기 위한 노력을 해야 한다. 이것은 동물 복지를 넘어서는 행위이다.

우리는 동물들이 아무런 감정도 없다고 여기겠지만 실상은 그렇지가 않다. 동물들도 자기가 낳은 새끼나 동료가 곁에서 죽어 가면 엄청난 고통을 느낀다. 하찮을 것 같은 새의 감정까지도 세밀하게 살필 줄 안다면 이보다 더 큰 동물 또는 더 나아가 사람의 감정까지도 배려하게 되지 않을까? 결국 동물 복지는 인간의 심성을 따뜻하게 하려는 신의 배려라 할 수 있다.

가족

매일 저녁 가족과 함께 식사하는 습관

가족은 모든 공동체의 기초 단위로서 생사고락을 함께하며 반드시 서로 책임을 지고 돌보아야 하는 사람들이다. 유대인들은 대체로 온 가족이 함께 저녁 식사를 하는 것을 가정에서 지켜야 할 중요한 원칙으로 생각한다. 가정에서의 저녁 식사 시간은 부모와 자녀가 함께 만나는 매우 귀한 시간이다. 그래서 특별한 일이 없다면 항상 저녁 식사를 함께하도록 애쓴다.

식사 시간에 나눠 먹는 음식은 사람들 간에 친밀감을 높이는 중요한 역할을 한다. 대화도 대화지만 사람들 사이에 따뜻함과 여유로움을 더하는 데는 맛있는 음식 만한 것이 없다. 그래서 어떤 자리든 사람들이 모이는 곳에서는 음식이 빠지지 않는다. 알다시피 사람들은 식욕이라는 생리적 욕구를 채운 후에야 소통의 기쁨을 누린다. 이처럼 음식은 서로 간 마음의 벽을 낮추는 역할을 한다. 아침에는 등교하랴, 출근하랴 가족들 모두 몸과 마음이 바빠서 여유롭게 식사하며 이야기를 나눌 시간이 없고 점심은 보통 학교나 직장에서 친구나 동료들과 함께 먹기 마련이다. 하지만 저녁 식사 시간은 다르다. 부모와 자녀 모두가 하교나 퇴근한 이후에 만나는 시간이어서 충분한 여유를 갖고 대화를 나눌 수 있다. 물론 이조차도 부모의 늦은 퇴근이나 자녀의 학원 스케줄 때문에 함께 할 수 있는 시간이 점점 줄어드는 것은 우리 사회의 큰 문제다.

유대인들에게는 부엌과 식탁이라는 공간도 매우 특별하다. 유대인들은 부엌을 가정의 컨트롤 타워라고 부른다. 부엌은 생명 유지에 필요한 음식을 만드는 곳이고 식탁은 그 음식을 온 가족이 함께 나눠 먹는 곳이다. 즉, 온 가족들이 음식을 매개로 영적인 교류를 위한 대화가 가능한 공간이 부엌과 식탁이다. 그래서 하나님의 말씀이 없는 식탁을 유대인들은 상상하지 못한다. 이에 대해 탈무드는 "만약 세 명이 한 식탁에 앉아 토라 말씀을 주고받지 않고 음식을 먹는다면 그것은 마치 죽은 자에게 바쳐진 희생 제물을 먹는 것과 같고 토라 말씀을 나누며 먹는다면 하나님의 식탁에서 먹는 것과 같다(Pirkei Avot 3:3)"라고 했다. 게다가 식탁은 이웃을 대접하는 공간이기도 하다. 긴밀한 소통의 공간으로서 이만한 곳도 없다. 실제로 프랑스에서 살던 유대인들은 죽을 때가 되면 자신이 늘 앉아서 식사하던 식탁을 가지고 관을 짜는 풍습을 갖고 있다고 한다. 그들은 살아생전에 이웃을 초대해 식탁에서 행한 선행을 내세에서도 잊지 않고 싶어했다. 유대인들이 이집트를 탈출한 후 하나님을 예배하기 위해 만들었던 성막에 싯딤나무(Shittim, 아카시아 나무)로 만든 테이블을 놓아둔 이유도 이와 같다. 유대교 전통에서 싯딤나무는 평화(Peace), 선량함(Goodness), 구원(Salvation) 그리고 용서(Forgiveness)를 의미한다. 위 네 단어를 뜻하는 히브리어 머리글자를 따서 모아진 단어가 싯딤이다(Pirkei Avot volume 2, p.354).

유대인들은 저녁 식사를 하면서 가족끼리 자연스럽게 대화를 나눈다. TV를 보거나 스마트폰을 보면서 식사를 하지 않는다. 어떤 주제가 됐든 부모와 자녀는 서로 대화하면서 식사 자리에서 질문을 하고 토론을 한다. 이는 어릴 때부터 자신의 의견을 개진하고 이를 타인에게 설득하는 습관으로 자연스레 이어진다. 그래서 유대인들은 밖에서 누구를 만나든 자기 의견을 피력하는 데에 거리낌이 없다. 『유태인 가족 대화』를 쓴 슈물리 보태악(Shmuley Boteach)은 "우리 집에서는 되도록 매일 저녁 온 가족이 함께 식사하려고 노력한다. 저녁 식사는 그 가족이 한 가족임을 가장 잘 보여주는 행동이며 누구에게도 방해받지 않는 가족만의 시간이다. 이 시간만큼은 전화도 초인종도 어떠한 방해도 허락하지 않는다. 우리는 모두 서로에게 삶의 일부다"라고 책에서 쓰고 있다.

하버드 대학을 다니는 유대인 학생들에게 공부를 잘 할 수 있었던 배경이 뭐냐고 물으면 그들은 이구동성으로 부모와의 대화와 토론을 가장 많이 꼽는다. 이와 관련해 방송인이자 작가로 활동하고 있는 조승연 씨가 2016년 KBS의 〈1 대 100〉 퀴즈 프로그램에 출연해 자신과 가장 친했던 유대인 친구를 언급한 적이 있다.

고교 시절 친하게 지낸 친구가 있는데 집안 대대로 교수를 해 온 유대인 가문 출신의 친구였다. 미국 수학능력시험(SAT) 전날 그 친구와 재즈 클럽에서 밤새도록 놀고 시험을 봤는데 유대인 친구는 놀랍게도 만점을 받았다. 너무 놀라 비결을 물었더니 그 유대인 친구가 말하길 "밥상에서 우리 아버지와 하는 논쟁에 비해 논술 시험의 수준이 낮았다"라고 답했다고 한다. 이어 조승연 씨는 그 유대인 친구를 회상하기를 그 친구는 아버지와 늘 토론을 즐겼고, 부모님이 어릴 적부터 베갯머리에서 책을 많이 읽어주었고, 그 책들도 매우 수준 높은 책이었다고 회상했다. 조씨는 그를 자신의 인생을 바꾼 친구라고까지 소개하기도 했다.

유대인으로서 2004년 노벨 물리학상을 받은 미국의 물리학자 데이비드 그로스 역시 자신들이 우수한 이유는 탁월한 유전자 때문이 아니라 저녁 식사 시간에 부모와 자녀 간에 나누는 수준 높은 대화 때문이라고 말했다. 이처럼 유대인들은 매일 저녁 식사를 가족과 함께하면서 부모는 질문을 던지고 아이들은 서로 경쟁하듯 답을 하며 지성을 키운다. 유대인들에게 가장 훌륭한 스승은 학교 선생님도 종교적 지도자도 아닌 그들의 부모라고 할 수 있다.

매일의 저녁 식사도 그렇지만 특히 안식일의 저녁은 가족들을 위해 더욱 특별한 시간이다. 개인적으로 볼 때 우리가 유대인들에게서 가장 배워야 하는 것 중 하나가 안식일 저녁 풍습이라고 생각한다. 이스라엘에서는 매주 안식일만 되면 멀리 있는 가족 모두가 모인다. 이스라엘에서 공부할 때 필자를 안식일에 초대한 어느 랍비는 안식일에 연로하신 아버지와 미혼 자녀들 그리고 장인과 장모가 다 함께 모여 만찬을 즐기는 모습을 보여주었다. 가족의 의미를 일주일마다 경험하는 유대인의 안식일 풍경은 세상 모든 가정이 본받아야 할 미풍양속이다.

한국은 이미 온 가족이 함께 모이는 것 자체가 쉽지 않은 사회가 되었다. 따로 사는 자녀들이 부모님을 찾아뵙는 날은 일년에 몇 번 되지 않고 모두가 바쁘다는 핑계로 일주일에 식사한 끼조차 함께 하기를 어려워한다. 가족의 끈끈한 연대와 사랑은 이제 역사책에서나 볼 수 있는 추억이 되고 말았다. 시골에서 어린 시절을 보낸 나는 가족들과 다 같이 밥상에 둘러앉아 저녁을 먹던 시절이 그립다. 하지만 유대인들처럼 식탁에서 말을 많이 하고 심지어 토론까지 했던 기억은 없다. 그저 음식을 먹기 바쁜 시간이었다. 식사 시간도 15분 이상을 넘긴 적이 별로 없었다. 요즘은 함께 식사를 하더라도 TV나 스마트폰을 보며 말없이 식사만 하는 가족들이 많다. 눈은 가족의 얼굴이 아니라 스크린을 향해 있다. 자신도 모르게 서로 소통을 외면하고 있는지도 모르겠다. 유대인들의 저녁 식사 문화가 무척이나 부러운 이유다.

손님
손님을 극진히 대접하는 습관

유대인들은 손님 대접을 즐겨 하는 민족으로 정평이 나 있다. 손님을 극진히 모시는 것은 유대인들에게 매우 중요한 의무 중 하나다. 특히 안식일에 이웃을 접대하는 것은 하나의 관습처럼 되어 있다. 이것은 어려운 이웃을 돕는 미풍양속으로 이어져 공동체를 유지하는 데 있어서 매우 중요한 일이다.

앞서 이스라엘 예시바에서 공부할 때 안식일마다 여러 유대인들로부터 초대를 받았다고 밝힌 바 있다. 한국인임에도 불구하고 탈무드를 공부하는 외국인이라는 특이함 때문인지 우리는 어디를 가든 환영을 받았다. 그중 탈무드를 공부하던 마하나임 예시바의 교장인 랍비 빌크 쉴로모(Vilk Shlomo)의 안식일 초대가 가장에 기억에 남는다. 그는 우리에게 꼬박 25시간 동안 진행되는 유대인 안식일 전과정을 경험하는 기회를 제공해 주었다. 보통은 금요일 저녁이나 토요일 점심처럼 안식일 한 끼 식사만 초대받았지 안식일 하루 전체를 온전히 유대인처럼 지내 보는 건 쉽게 해볼 수 없는 경험이었다. 그는 회당에서 예배드릴 때 바로 옆에서 히브리어에 익숙하지 않은 우리를 대신해 기도 책의 해당 페이지를 넘겨주며 최선을 다해 우리를 도와주기도 했다. 게다가 예시바에서 가까운 서점에 들러서는 우리가 책을 고를 수 있게 이런저런 조언을 해주고 설명도 해주었다. 극진한 대접이었다.

손님을 중요하게 생각하는 조금은 색다른 경험도 있었다. 그 것은 히치하이킹이었다. 히치하이킹이 길에서 낯선 차를 얻어 타는 것을 말한다는 것은 잘 알고 있을 것이다. 나는 미국 영화에서나 볼 수 있을 것 같은 히치하이킹을 이스라엘에서 경험했다. 유대인들은 히치하이킹도 일종의 손님 대접이라고 생각하고 낯선 이들을 동승시키는 것을 두려워하지 않는다. 우리는 예시바에서 공부를 할 때 뭔가 살 것이 있을 때마다 근처 쇼핑몰을 가곤 했는데, 차가 없었기 때문에 동네 초입의 길거리에 서서 마을을 빠져나오는 자동차들을 향해 엄지나 검지로 행선지를 표시해 차를 태워줄 유대인들을 찾곤 했다. 히치하이킹 신호는 예루살렘으로 갈 것이냐 또는 그 지역 가까운 곳으로 갈 것이냐에 따라 달라졌는데 검지만 앞으로 뻗으면 예루살렘으로 간다는 뜻이고 엄지만 밑으로 향하면 이 주변 지역으로 이동한 다는 신호였다. 마을 사람들은 지나가다가 필자가 보내는 수신 호를 보고 예루살렘인지 주변 지역인지 파악한 다음 차를 세워 행선지를 물어보고선 태워 주곤 했다. 쇼핑몰에서 물건을 산 다음 돌아올 때도 마찬가지였다. 이런 문화가 부럽기도 하고 신선 하기도 했다. 다만 유대인들이 알려준 한가지 주의 사항은 예시 바가 있던 이스라엘 에프랏 지역이 아랍인 거주지 안에 있는 이 스라엘 정착촌이다 보니 히치하이킹을 할 때 유대인을 뜻하는 하얀색 번호판을 단 차량을 향해서만 수신호를 보내라는 것이 었다. 아랍인이 모는 자동차에 잘못 탔다가는 납치를 당해 곤욕 을 치를지 모르니 조심하라는 것이었다. 아무래도 유대인 입장 에서 보면 유대교를 공부하러 온 이방인이다 보니 염려가 되어 그런 말을 한 것 같았다. (그런 말을 들을 때면 유대인과 아랍인들 사 이에 흐르는 팽팽한 긴장감이 실제로 느껴지곤 했다.)

유대인들의 친절함은 여기에 그치지 않았다. 한 번은 이런 일도 있었다. 예시바에 온지 이틀이 지난날, 동네의 한 주민이 우리에게 탈무드를 무료로 가르쳐주겠다고 했다. 그 남자는 우 리를 보자마자 토라와 탈무드를 꼭 가르쳐주고 싶다는 열망이 불현듯 일었다고 했다. 우리는 예시바에서 공부하기로 되어 있 기 때문에 그에게 따로 배우지 않아도 됐지만 뭐라도 배우고 싶 은 마음에 그 제안을 기꺼이 받아들였다. 그래서 일주일에 두세 차례씩 총 4주간 그 남자에게서 토라와 탈무드를 따로 배웠다. 처음에는 그가 랍비가 아니었기 때문에 큰 기대를 하지는 않았다. 하지만 그의 해석 방법은 독특했고 그 과정에서 놀라운 통찰을 얻기도 했다. 그는 토라를 가족주의 방식으로 해석하는 것을 매우 즐겨했다. 하나님이 얼마나 가정을 사랑하시는지 깊이 있게 풀어주는 방식이었다. 그는 자신이 홀로코스트에서 가까스로 생존한 부모 밑에서 자랐다고 털어놓았다. 부모 외에 모든 친척들이 수용소에서 죽었기 때문에 가족에 대한 애정이 남다른 듯했다. 슬하에 4남매를 둔 그는 모두 15명의 크고 작은 손자 손녀를 두고 있었는데 안식일마다 총 21개의 촛불을 켜둔다고 했다. 두 내외와 네 자녀 그리고 그 아래 손자 손녀까지 모두 더한 숫자였다. 그는 우리를 안식일 만찬에도 자주 초대했고 이웃 유대인들에게도 우리를 안식일에 초대하라고 주선해 주기도 했다. 나는 같은 유대인도 아니고 이방인인 우리에게 각별한 관심을 가지고 항상 우리를 융숭하게 대접했던 그 유대인의 친절함을 아직도 잊을 수 없다.

손님 대접을 잘하기로는 유대인의 조상인 아브라함을 따를 사람이 없다. 창세기에는 아브라함이 하나님의 천사 3명을 대접하는 장면이 나온다. 무더운 어느 날, 할례를 받은 지 얼마 되지 않아 여전히 통증에 시달리고 있던 아브라함은 멀리서 자기 집으로 다가오는 세 명의 나그네를 보자 통증도 잊은 채 그들을 대접하겠다고 자발적으로 나선다. 그리고는 그들을 자기 집에 초대해 융숭히 대접했다. 그 손님들은 그 자리에서 1년 후에 아들 이삭을 낳으리라는 하나님의 메시지를 전달하는데 그들은 하나님의 천사였다.

유대인들에 따르면 아브라함은 친절의 화신이다. 그의 집은 사방으로 출입문이 나 있는데 이는 가난한 사람들이 어느 방향에서든 그의 집에 들어올 수 있도록 하기 위함이었다. 이런 아브라함의 이웃 사랑 성품은 유대인들의 고유한 특징으로 자리매김 되고 있다. 창세기에는 하나님이 아브라함을 선택한 이유도 다름 아닌 그의 친절한 성품을 그 자손들이 배울 것을 기대했기 때문이라고 밝히고 있다. "내가 그로 그 자식과 권속에게 명하여 여호와의 도를 지켜 의와 공도를 행하게 하려고 그를 택하였나니 이는 나 여호와가 아브라함에게 대하여 말한 일을 이루려 함이니라(창세기 18:19)." 그리고 아브라함에게 내려질 놀라운 축복도 함께 기록하고 있다. "아브라함은 강대한 나라가 되고 천하 만민은 그로 말미암아 복을 받게 될 것이 아니냐(창세기 18:18)."

이처럼 아브라함이 하나님의 선택을 받고 천하 만민의 복의 근원이 된 것은 손님 대접에서 그 이유를 찾는다. 성경에는 가난한 자, 고아와 과부, 나그네를 반드시 도우라는 하나님의 말씀이 자주 등장한다. 항상 힘든 이웃을 도우려고 애썼던 아브라함이 축복의 원천이 된 것은 너무나도 당연한 일이다. 아브라함으로부터 내려온 손님 대접 전통은 성경에서 말하는 가장 아름다운 풍습이 아닐까 싶다.

유대인들은 손님을 대접할 때 항상 최선의 것으로 대접한다. 그래서 보통 손님 대접은 안식일에 이뤄진다. 안식일은 일을 멈추고 편히 쉬는 날이므로 손님을 대접하는 데에 아무런 부담이 없다. 그리고 이날만큼은 평일과 다르게 가장 맛있는 음식에 가장 아름다운 그릇에 그리고 가장 복된 분위기 속에서 손님을 대접한다.

이 밖에도 유대인들은 환자 문병을 가는 것을 매우 중요한 선행으로 생각한다. 문병을 가지 않는 사람은 환자를 방치해 죽게 만든다고 생각할 정도다. 장례식장에 조문을 가는 것도 마찬가지다. 어려움에 처한 이웃을 돌보는 것은 유대인들에게 아주 중요한 의무다. 어려운 이웃을 안식일에 초대하고 식사를 나누고 살아가는 모습, 소소한 이야기에 서로 귀를 기울이는 모습은 매우 정겨운 장면이라 할 수 있다.

손님을 대접하고 이웃이 어려운 일을 당하면 당연히 달려가서 서로 부조하며 위로하는 전통은 우리 민족의 특징이기도 하다. 하지만 지금은 이런 아름다운 전통이 점점 희미해져 가는 것은 아닌지 아쉬움을 금할 수 없다. 이웃의 형편을 살펴볼 길 없는 아파트 문화도 이웃에 대한 무관심을 부채질한다. 최근에는 각자도생할 수밖에 없는 사회 분위기도 이웃에 대한 관심을 가로막는 높은 장애물이 되고 있다. 80년대까지만 해도 우리도 집으로 이웃이나 친구를 초대해 함께 식사하는 일을 즐겼다. 하지만 지금은 집에서 여러 사람의 식사를 준비하는 어려움 등의 이유로 가족 이외의 사람들을 초대하는 것을 극도로 꺼린다. 모임을 하더라도 외부의 식당에서 음식을 사 먹고 돌아온다. 이를 나쁘게만은 볼 수 없지만 이웃을 대하고 정을 나누고 그럼으로써 얻게 되는 여러 가지 혜택들이 사라지는 것은 참으로 안타까운 일이 아닐 수 없다.

공동체

공동체에 헌신하는 습관

유대인들은 자신들의 공동체를 매우 소중하게 여기고 공동체에 대한 헌신도 무척 중요하게 생각한다. 그래서 일면식도 없는 사람도 같은 유대인이라면 마치 한 가족처럼 아끼고 보살핀다. "네 이웃을 네 몸과 같이 사랑하라(레위기 19:18)"는 하나님이 내린 이웃에 대한 명령이다. 그래서 유대인들은 서로를 믿음을 나눈 형제자매로 생각한다.

유대인들의 단결력을 유감없이 보여준 사건은 20세기 후반 이스라엘이 아랍 국가들과 벌인 여러 차례의 전쟁에서 살펴볼 수 있다. 팔레스타인들이 거주하던 지역에 1948년 5월 14일 이스라엘이 독립을 선언하자 주변 아랍 국가들이 곧바로 선전포고를 했다. 이후 양측은 모두 네 차례에 걸쳐 큰 전쟁을 치른다.

그 전쟁의 와중에 미국에 나가 있던 양쪽 진영의 젊은이들이 보여준 행동은 조국에 대한 이들의 인식이 어떤지 극명하게 보여준 사례로 자주 인용된다.

두 나라 사이에 전쟁이 발발했다는 소식이 미국에 전해지자 이스라엘 청년들과 아랍 청년들은 미국의 공항으로 삽시간에 몰려들었다. 모두 자원입대하려는 것이었을까? 아랍 청년들의 경우 자국에서 자신들을 강제 징집해갈까 봐 미리 다른 나라로 도피하기 위해서였고, 이스라엘 청년들은 전쟁에 참여하려고 급히 그들의 나라로 가기 위해서였다. 물론 과장된 이야기라는 주장도 있고 전황이 이스라엘에 유리했기 때문이라는 말도 있다. 하지만 이 이야기는 유대인들의 단결심을 보여주는 사례로 많이 언급되고 있다.

유대인들은 같은 유대인들이 고통을 겪고 있는 모습을 보고서도 못 본 체하는 것을 극도로 혐오한다. 그런 유대인을 같은 동족으로 인정하는 유대인은 단 한 명도 없다. 잘 알려진 이야기로 솔로몬 왕의 지혜로운 판결이 있다. 솔로몬 왕이 재임 중일 때 몸 하나에 머리가 둘인 샴쌍둥이가 태어났다. 당연하게도 이 아이를 한 사람으로 볼 것이냐, 두 사람으로 볼 것이냐를 놓고 뜨거운 논쟁이 벌어졌다. 이때 솔로몬 왕은 한쪽 머리에 뜨거운 물을 부어보면 금세 알 수 있다고 했다. 다른 쪽 머리가 뜨거워서 비명을 지른다면 한 사람이고 그렇지 않다면 두 사람이라고 했다. 이는 아무리 몸이 하나라도 한쪽이 다른 한쪽의 고통을 외면한다면 동일인으로 보기 어렵다는 것을 뜻한다.

유대인들은 아주 오랜 옛날부터 '비드온 슈바임(Pidyon Shevuyim, 포로 구원)'이라는 아름다운 전통을 현재까지도 지켜오고 있다. 이 전통이 생기게 된 데에는 아픈 역사가 있다. 고대에서 중세시대에 이르기까지 유대인들이 노예 상인이나 도적 떼 등에 납치된 뒤 노예로 팔려 가는 일이 잦았다. 그래서 유대인들은 유대인 노예나 포로를 해방시켜줄 책임을 서로에게 지우고, 이런 일이 발생할 때마다 합심해서 문제를 해결하곤 했다. 이때 몸값은 유대인들이 십시일반 모은 헌금에서 충당했는데 그 돈을 '비드온 슈바임 자금'이라고 했다. 같은 민족을 구할 돈을 마련하기 위해서라면 자신들이 가장 귀하게 여기는 토라 두루마리를 파는 것도 허용할 정도였다. 다음은 비드온 슈바임과 관련된 이야기이다.

한 유대인이 배를 타고 가다 갑작스러운 해적들의 습격을 받고 붙잡힌 뒤 노예로 팔려 가게 되었다. 노예 상인들이 경매 시장에서 그 유대인을 "몸이 좋아 일을 아주 잘합니다"라고 말하자 경매에 참여한 사람들이 서로 더 높은 값을 부르느라 경쟁이 벌어졌다. 이때 가장 높은 값을 부른 이가 낙찰을 받았는데 그는 다름 아닌 같은 유대인이었다. 그 유대인은 노예를 인계받자마자 그에게 "샬롬(안녕)!"이라고 인사를 하고 나서는 그냥 가버렸다. 일면식도 없었지만 단지 유대인이라는 이유만으로 그를 구해준 것이었다.

간혹, 비드온 슈바임 때문에 유대인들을 납치하려는 세력들이 더욱 기승을 부리는 것이 아니냐는 볼멘소리가 유대인 사회에서 터져 나오기도 한다. 하지만 어떤 희생을 치르더라도 동족의 아픔을 그냥 넘기지 말고 반드시 해결하고자 하는 것이 유대인들이다. 의사이자 랍비인 빅터 솔로몬(Victor Solomon)이 쓴 『유대 생존의 비밀』에는 이와 관련된 이야기가 하나 나온다. 2차 세계 대전 당시 나치는 유대인들의 비드온 슈바임 전통을 잘 알고서 유대계 헝가리인 포로 10만 명을 화물 자동차 1만 대와 맞바꾸려고 했다. 이에 전 세계 유대인들이 이 거래를 성사시키기 위해 모금 운동을 벌이며 백방으로 노력했지만 어찌 된 일인지 흥정은 없던 일이 되고 말았다. 하지만 유대인들은 이에 굴하지 않고 나치 점령 지역의 유대인들을 구하기 위해 온갖 수단을 동원했고, 일부 나치 고관들이나 지휘관들에 뇌물을 주면서까지도 유대인들을 살리기 위해 노력했다.

이스라엘이 건국될 당시에도 비드온 슈바임에 따라 전 세계에 흩어져 있던 유대인들은 빠짐없이 헌금에 동참했고 이스라엘로 이주해 군인 또는 산업 역군으로 나라의 기초를 다지는 데 큰 힘을 쏟았다. 최근에도 이런 전통을 보여준 사례가 있다. 2011년 이스라엘 군인 1명과 팔레스타인 포로 1,027명이 맞교환되는 일이었다. 2006년 가자지구에서 탱크를 몰고 임무를 수행하다가 하마스(이스라엘과 대치 중인 팔레스타인 무장 단체)에 붙잡혀 5년 동안 포로 생활을 하고 있던 병사였다. 하마스는 이 교환을 자신들의 승리라고 선언했다. 하지만 이 뉴스를 본 많은 사람들은 그렇게 생각하지 않았다. 수적으로는 하마스가 크게 이득을 본 것이 맞지만 이스라엘 정부는 1명의 이스라엘 병사의 목숨을 팔레스타인 포로 1,000명의 목숨보다 더 귀중하게 여긴다는 자신들의 신념을 만천하에 유감없이 보여준 것이었다. 이런 놀라운 대우를 받은 이스라엘 병사와 그것을 지켜본 이스라엘 군인들은 앞으로 어떤 각오로 전쟁에 임하게 될까? 이스라엘 국민이라는 것에 대단한 자부심과 자긍심을 갖게 되지 않았을까?

미국에는 AIPAC(American Israel Public Affairs Committee, 미이 공공문제위원회)이라는 대단히 큰 유대인 로비 단체가 있다. 1947년 재미 유대인 7명에 의해 처음 시작된 이후 재미 650만 유대인들의 단결력을 과시하며 미국의 친 이스라엘 정책을 유지 확대하는 것을 목표로 하고 있는 단체다. 매년 AIPAC 연례 총회에는 미국의 현직 대통령은 물론 유력 여야 정치인들이 다수 참여한다. 이곳에서는 친 이스라엘 정책에 적극 동조하는 정치인들을 성적순에 따라 발표하기도 하는데 이때 발표된 순서에 따라 정치 자금을 제공받을 확률이 높아진다고 한다. 이스라엘의 이런 노력의 결과로 미국과 이스라엘은 매우 강력한 동맹 관계를 현재까지도 맺어 오고 있다.

유대인들의 공동체에 대한 강한 헌신에는 나름의 이유가 있다. 가장 존경받는 랍비 중 하나인 힐렐(Hillel, BC110-AD10)은 다음과 같이 말했다. "네 자신을 공동체로부터 분리하지 말라(Pirkei Avot 2:4)." 힐렐의 이 말은 토라의 말씀과도 일맥상통한다. "사람이 홀로 있으면 좋지 못하다(창세기 2:17)." 이 역시도 공동체를 떠난 사람들은 행복한 삶을 살 수 없다는 가르침이다. 탈무드에는 랍비 벤 조마(Ben Zoma, 생몰연대 미상)가 에덴동산에 홀로 살던 아담이 겪어야 했을 불편함을 나열하면서 공동체에 속한 사람이 얼마나 많은 혜택을 입는지 구구절절이 설명하는 장면(Berachot 58a)이 나온다. 앞서 감사 습관 꼭지에서도 나온 내용이다. "아담이 빵을 한 조각 먹으려면 혼자서 밭을 갈고 씨를 뿌리고 거둔 뒤에 다시 가루로 만들어서 반죽을 빚은 후 이스트를 넣어 오븐에 구운 다음에야 겨우 먹을 수 있지만, 공동체를 이루게 되면 시장에서 이 모든 것이 좋은 이웃들의 도움에 의해 간단히 해결된다." 돈만 내면 얼마든지 원하는 대로 빵도, 우유도, 옷도, 심지어 집도 구할 수 있다. 그만큼 삶은 여유로워지니 일상의 고단함에서 벗어날 수가 있게 된다.

혼자 살면 외부에서 적이 침입할 때 막기도 어렵다. 자기 생명을 보존하기도 쉽지 않다. 그런데 공동체를 이루면 서로 힘을 합쳐서 적에게 대항해 싸울 수 있기 때문에 보다 안전하고 안정된 삶을 영위할 수 있게 된다. 여기에 동족을 서로 도우라는 하나님의 명령이 더해지면서 유대인들의 공동체적 결속과 유대감 그리고 단결력은 한층 더 고양된다.

내가 공부했던 예시바의 교장이었던 랍비 빌크 쉴로모(Vilk Shlomo)로부터 전해 들은 내용이다. 한 이방인이 유대교로 개종하면 많은 영적인 변화들이 찾아온다고 한다. 예를 들어, 한국 사람이 유대교로 개종했다고 가정해보자. 가장 먼저 모국이 바뀐다. 개종한 유대인에게 한국은 더 이상 모국이 아니다. 이스라엘이 모국이다. 또한 모국어도 한국어가 아니라 히브리어가 된다. 게다가 원하면 이스라엘 국적을 취득할 수도 있다. 영적인 지위도 격상된다. 제사장 나라의 백성이 되는 것이다. 보통 성경에서는 이스라엘을 제사장의 나라라고 부른다. 불교에서 기독교로 개종한다고 하면 그냥 종교만 바뀔 뿐 다른 모든 것은 그냥 그대로인 것과 비교하면 천양지차다. 즉, 유대교로 개종을 하게 되면 커다란 유대 가족의 일원으로 편입되는 것과 같다.

유대인 공동체에 속하게 될 때 누릴 수 있는 최고의 가치는 '평화(Shalom, 샬롬)'이다. 공동체로부터 자신을 분리하지 말라고 충고한 힐렐은 "아론의 제자와 같이 되어라, 평화를 추구하고 사랑하며 무엇보다 사람들을 사랑하고 사람들을 토라로 인도하라(Pirkei Avot 1:12)"고 말했다. 아론은 평화의 상징과 같은 인

물이다. 그는 모세의 형님으로 출애굽 이후 광야 40년 동안 이
스라엘 백성들의 영적인 삶을 관장하는 대제사장이었다. 생각
해 보라, 200만 명이나 되는 유대인들이 함께 살 때 얼마나 많
은 갈등과 다툼이 있었겠는가! 그 많은 다툼에서 아론은 갈등의
당사자들이 서로 화해할 수 있도록 최선을 다했다. 그가 개입할
때마다 화해와 평화가 항상 넘쳐흘렀고 사람들은 그를 평화의
사도로 여겼다. "아론의 제자와 같이 되어라"라는 말은 사람을
사랑하라는 뜻이다. 그리고 "토라로 사람들을 인도하라"는 말은
사랑을 가르치라는 뜻이다. 이는 곧 공동체를 아끼고 사랑하고
이를 가르치라는 뜻을 갖고 있다.

일찍이 힐렐은 토라의 가장 중요한 주제를 "네가 싫어하는
것을 남에게 하지 말라(Shabbat 31a)" 곧 '이웃 사랑'이라고 간
단히 요약했다. 유대인들이 자선을 자주 강조하는 이유도 여기
에 있다. 만약, 가난한 유대인이 있으면 유대 사회에서는 적극적
으로 구제에 나선다. 한 유대인의 불행은 모든 유대인들의 고통
이기 때문이다. 이런 구휼 시스템을 '쿠파(Chupah, 광주리)'라고
한다. 토라의 또 다른 해석서인 미드라시(Midrash)에는 가난을
이 세상 그 어떤 고난보다 훨씬 더 고통스러운 것이라고 말한다
(Exodus Rabbah 31:12). 그래서 유대인들은 십일조 외에 회개할
때도 반드시 헌금을 낸다. 이 돈으로 가난한 유대인들에게 1주
일마다 14끼 분량의 식사비에 해당하는 돈을 주었다. 그래서 유

대 사회에서는 굶어 죽는 이가 없다고 한다. 이 또한 공동체의 안녕을 바라는 행동에서 비롯되었다고 볼 수 있다.

탈무드에서는 모든 유대인들이 서로에 대한 책임을 다해야 한다고 말한다(Shevuot 39a). 이 격언에는 같은 유대인으로서 동료 유대인들에 대한 안전과 안녕에 책임을 느껴야 한다는 것뿐만 아니라 동족의 죄악 된 행동에도 함께 책임을 져야 한다는 뜻을 담고 있다. 만약 배를 타고 가던 어떤 유대인이 앉은 자리에서 송곳으로 배 바닥에 구멍을 뚫고 있다면 누구라도 그를 반드시 말려야 한다. 한 명의 유대인이라도 죄를 지으면 모든 유대인이 고통을 겪을 수도 있기 때문이다(Leviticus Rabbah 4:6).

유대인들로부터 추앙받는 또 다른 랍비 예후다 하나시(Yehudah ha-Nasi, 135-217)는 "사람이 스스로 선택해야 할 올바른 길이 어느 것인가?"라고 묻고 "그것은 사랑과 책망(정의)이다"라고 답했다. 그는 이어서 "세상에 건전한 비판이 건재하는 한, 거기에는 감사와 축복이 함께 할 것이고 악은 철저히 제거될 것(Tamid 28a)"이라고 했다. 탈무드에서는 심지어 예루살렘이 파괴된 이유를 주민들 간 서로 책망하는 것을 주저했기 때문이라고 말하기도 한다(Shabbat 119a). 서로 사랑하는 마음으로 책망하고 비판을 했다면 악이 성장하는 것을 막을 수 있었다는 것이다. 한마디로 책망이 없는 사랑은 사랑이 아니라는 뜻이다(Beraishit Rabbah 54:3). 이 또한 서로에 대한 책임을 강조하는 말이다.

이처럼 공동체에 대한 유대인들의 헌신은 정말 대단하다. 하지만 그렇다고 해서 유대인들이 공동체만 위하고 개인을 무시한다는 뜻은 아니다. 유대인들은 한 개인도 끔찍하게 여기고 귀하게 여긴다. 모든 사람은 하나님의 형상을 품고 있다고 보기 때문이다. 사람은 각자 독립적이면서도 서로에게 의지하면서 존재의 근거를 찾는다. 이는 마치 남자와 여자가 함께 살아가는 것과 같다. 남자와 여자는 각각 독립된 개체지만 그 자체로 온전히 존재할 수는 없다. 존립의 근거를 서로에게 둬야만 존재가 가능하다. 이때의 존립 근거를 '관계'라고 한다. 관계를 염두에 둔 독립과 연대의 가치는 반드시 공동체적인 헌신을 필요로 한다. 이것이 바로 유대 5천년 역사가 오늘도 흔들림 없이 지속되고 있는 이유다.

토라와 탈무드를 공부하게 된 이야기

미국에서 이민자로 살던 시절, 책 한 권을 만났다. 2001년의 일이었다. 마치 책갈피 속에서 한때 마음 졸이며 짝사랑하던 이의 사진을 발견한 것처럼 야릇한 흥분이 전신으로 퍼져 나갔다. 나는 밤새 그 책을 다 읽고 흐르는 눈물을 주체할 수 없었다. 내영혼이 우는 것 같았다. 한참을 울고 나서야 나는 하나님께 기도했다. 유대 교육의 비밀을 전하는 일을 할 수 있게 해달라며 진심으로 매달렸다. 그 책이 바로 『IQ는 아버지 EQ는 어머니 몫이다』라는 현용수 박사님이 쓴 유대인 교육서였다.

랍비 마빈 토케이어와의 만남

2009년 12월 한국으로 돌아왔다. 12년 만에 한국 땅을 다시

밟은 셈이었다. 그사이 유대 교육에 대한 나의 열망은 생계 때문에 조금 뒷전으로 밀려나 있었다. 하지만 여전히 유대 교육에 대한 내 헌신의 마음은 변함이 없었다. 한국으로 돌아오자마자 나는 현용수 박사님의 요청으로 쉐마교육 연구원에서 간사로 근무했다. 덕분에 자칫 사위어 갈 뻔했던 유대 교육에 대한 나의 열정은 다시 불이 붙기 시작했다.

2010년 8월 6일 쉐마교육연구원이 주최한 국제 학술대회에서 랍비 마빈 토케이어의 〈탈무드 지혜 교육 노하우〉라는 강의를 들었다. 토케이어는 한국에 탈무드를 소개한 장본인이었다. 강의를 계기로 나는 토케이어에 대해서 관심을 가지게 되었다. 그리고 그가 펴낸 탈무드 시리즈가 한국 사회에서 베스트셀러였다는 것도 알게 되었다. 그 책 덕분에 한국인들의 유대인에 대한 호감과 동경이 만들어졌다고 해도 과언이 아닐 정도였다. 토케이어의 강의를 듣고 책을 보면서 나는 한국에 출간된 탈무드가 일부에 불과하다는 사실을 알게 되었다. 그리고 유대 교육에 대한 공부를 나름 열심히 했지만 탈무드의 실체를 잘 모르고 있다는 것도 알게 되었다. 나뿐만 아니라 많은 사람들이 탈무드를 지혜로운 이야기 정도로만 생각하고 있었다. 토케이어를 만나고 나서야 나는 비로소 유대인을 유대인답게 교육하는 책으로서 탈무드를 새롭게 바라보기 시작했다.

토라와 탈무드 공부

나는 2011년 2월 현용수 박사님의 소개로 미국 LA의 유대인 랍비들과 교류할 기회를 갖게 되었다. 랍비 데이브 소라니(Dave Sorani)의 초청으로 안식일 만찬을 경험하고 베벌리 힐스에 위치한 베스 제이콥(Beth Jacob) 회당에서 하브루타 방식으로 탈무드를 공부하는 랍비들과 어울렸다. 그곳에서 나는 탈무드의 여러 서책 중 '동물이나 사람이 타인에게 상해를 입혔을 때 어떻게 배상해야 하는가?'라는 문제를 다룬 바바캄마(Baba Kamma)를 구입해서 한국으로 돌아왔다. 처음에는 너무 어려워서 무슨 말을 하는 것인지 도통 이해할 수가 없었다. 그러다 2012년 11월에 서울 한남동에 거주하는 랍비 오셔 리츠만(Osher Litzman)을 만났다. 나는 그에게 탈무드 공부의 어려움을 털어놓고 도와줄 것을 부탁했다. 하지만 그는 토라를 모르고서는 탈무드를 제대로 배울 수 없다고 했다. 그래서 나는 그와 함께 1년 주기의 토라 공부를 2년 10개월 동안 세 번을 반복했다.

하브루타 연구

나는 그사이 하브루타에 대한 연구와 교육도 병행했다. 사실 하브루타는 탈무드를 공부하는 학습법이다. 실제로 탈무드 원전에는 수많은 랍비들이 시대를 달리해가면서 같은 사안을 두고 서로 질문하고 치열하게 토론하는 장면이 무수히 등장한다.

2012년부터 언론을 중심으로 하브루타가 유대인들의 성공 요인으로 부각되자 점차 한국 사회에서도 하브루타에 관심을 갖기 시작했다. 그 덕분인지 나는 2017년 하반기에 EBS 미래강연 Q에서 〈질문하는 유대인 교육법〉이라는 주제로 네 차례 강의하는 기회도 얻을 수 있었다.

마하나임 예시바에서 탈무드 연수

그리고 2019년 1월 나는 새로운 도전에 나섰다. 한 달간 이스라엘 에프랏 지방에 위치한 마하나임 예시바에서 본격적으로 탈무드와 하브루타 연수 기회를 잡은 것이었다. 유대인이 아니면 그곳에서 공부할 수 없었지만 평소 알고 지내던 랍비 아리 그린스펀(Ari Greenspan)의 도움으로 예시바에서 공부할 수 있는 허락을 받을 수 있었다. 그곳에서 유대인 랍비들로부터 직접 탈무드를 배우는 소중한 기회를 얻게 되었다. 한달 밖에 안 되는 시간이었지만 이스라엘에서 직접 공부하는 탈무드는 한국에서 공부하던 탈무드와 완전히 달랐다. 나는 이후 매년 한 달씩 그곳에서 연수하기로 마음을 먹었지만 2020년 시작된 코로나 팬데믹 상황은 모든 일정과 공부 계획을 지연 시켜 버렸다.

예시바에서 공부하며 가장 인상 깊었던 추억은 아마도 당대 최고의 탈무드 권위자인 랍비 아딘 스타인샬츠(Adin Steinsaltz, 1937-2020)와의 만남이었다. 돌아가시기 직전에 그분을 뵐 수 있었기 때문에 평생 잊을 수 없는 추억이 되었다. 그분은 이스라엘 최고의 탈무드 연구 교육 기관인 스타인샬츠 센터의 설립자이다. 마하나임 예시바에서 공부하고 있던 그의 제자 랍비 디디(DiDi)의 주선으로 나는 영광스러운 만남을 가질 수 있었다. 앞서 랍비 마빈 토케이어에게 탈무드 원전을 공부하고 싶다고 했을 때도 꼭 만나보라고 했던 사람이 바로 랍비 아딘 스타인샬츠였다. 탈무드 연구에 전 생애를 헌신한 그를 미 시사주간지 《타임》은 1천 년에 한 번 나올까 말까한 위대한 탈무드 학자라고 칭송한 바 있다. 내가 그를 만났을 때 그는 뇌졸중을 앓고 있는 상태여서 겨우 거동만 할 수 있었다. 안타깝게도 그는 지난 2020년 8월 타계했다.

탈무드 원전 연구와 활동

나의 탈무드 원전 공부는 벌써 11년 이상 이어져 오고 있다. 지금도 그렇지만 한국에서 탈무드 원전을 연구하는 일은 쉽지가 않다. 너무 어렵기도 하고 낯설기도 하고 실용적으로도 필요성에 의문을 제기하는 분들도 많다. 그럼에도 불구하고 탈무드 원전을 연구하고 하브루타를 전파하는 것은 내가 하나님으로부디 부여받은 사명이라고 생각한다. 지금까지 그랬듯이 죽는 날까지 나는 이 일을 멈추지 않을 것이다.

유대인 잠언 모음

유대인 잠언이란 탈무드와 미드라시 등 유대 문헌에 있는 수많은 격언과 경구를 이르는 말이다. 어느 민족이나 자신들에게 내려오는 속담이 있듯이 그들에게도 그들만의 지혜를 담은 현자들의 잠언이 있다. 구약 성경에는 대표적으로 솔로몬 왕의 금언을 모아 놓은 잠언서가 있다.

인간/이웃/친구/동료

- 사람은 누구나 자신에게는 호의적이다(Sanhedrin 9b).
- 누구도 자기의 잘못을 보려는 사람은 없다(Ketubot 105b).
- 죽는 날까지 너 자신을 믿지 말라(Pirkei Avot 2:5).

- 어떤 사람도 무시해선 안 된다(Pirkei Avot 4:3).
- 사람의 성품은 술잔, 지갑, 분노로 결정된다(Eruvin 65b).
- 만나는 사람마다 먼저 인사하라(Pirkei Avot 4:20).
- 인간의 존엄성의 근거는 하나님의 형상이다(Pirkei Avot 3:18).
- 친구를 웃는 낯으로 대하는 자가 친구에게 우유를 건네는 자보다 더 낫다(Ketubot 111b).
- 모든 사람을 존중하되 또한 의심하라(Kallah Rabbathi 9).
- 한 사람을 구하는 것은 세상 전체를 구하는 것과 같다(Sanhedrin 37a).
- 사람은 갈대처럼 유연하되 삼나무처럼 뻣뻣해선 안 된다(Taanit 20a).
- 모든 사람을 기쁜 마음으로 맞이하라(Pirkei Avot 1:15).
- 의인은 털끝만 한 죄로도 엄격하게 처벌받는다(Baba Kamma 50a)
- 내 손 안의 쓴 올리브 한 알이 다른 사람 손의 달디 단 꿀 한 방울보다 낫다(Eruvin 18b).
- 네가 가진 흠결로 네 이웃을 홀대해선 안 된다(Baba Metzia 59b).
- 선한 행위가 사람을 가깝게 하고 악한 행위가 사람을 멀어지게 한다(Eduyot 5:7)

예의/겸손/미덕

- 네 집이라도 노크 없이 갑작스럽게 들어가지 마라(Pesachim 112a).
- 너에게 해 되는 일은 네 동료에게도 하지 말라(Shabbat 31a).
- 감사의 기도는 결코 사라지지 않는다(Vayikrah Rabbah 9:7).
- 진심이 하늘을 감동시킨다(Menachot 110a).
- 천국은 누구에게 주어지는가? 바로 겸손하고 온유한 사람에게다(Sanhedrin 88b).
- 겸손이 죄를 막는다(Nedarim 20a).
- 형제의 성공에 진심으로 기뻐하는 자에게 축복이 있다(Shemot Rabbah 3:17).
- 사람의 최후는 벌레의 밥이니 항상 겸손하라(Pirkei Avot 4:4).
- 지혜를 지키는 울타리는 겸손이다(Kallah Rabbati 3:6).
- 친구에게 감사할 줄 모르는 사람은 하나님께도 감사할 줄 모른다(Midrash HaGadol, Shemoth 1:8).
- 병문안 가지 않은 사람은 환자의 피를 흘리게 하는 자와 같다(Nedarim 40a).

남녀/결혼/가정교육

- 화목을 위해서라면 하나님도 말을 바꾸신다(Yebamot 65b).
- 자식이 부모의 스승이다(Yebamot 63a).

- 여자들의 말을 잘 들어라(Pirke De Rabbi Eliezer, 41).
- 부모를 공경하고 경외하는 것이 하나님을 공경하고 경외하는 것이다(Kiddushin 30b).
- 푸성귀를 먹고 평안한 것이 고기 먹고 다투는 것보다 더 낫다 (Bamidbar Rabbah 20:18).
- 남편과 아내 사이의 평화는 위대하다(Hullin 141a).
- 아내를 제 몸같이 사랑하고 그 명예를 자신보다 높이는 이의 가정에는 화목이 넘친다(Yebamot 62b).
- 어린아이들이 하는 말은 그 부모의 말과 같다(Sukkah 56b).

공동체/리더십

- 세상은 다툼을 자제하는 이에 의해 지탱된다(Hullin 89a).
- 공동체를 떠나선 안 된다(Pirkei Avot 2:5).
- 직접 선행을 행하는 사람보다 선행을 행하도록 이웃을 이끈 사람이 더 위대하다(Baba Batra 9a).
- 인물을 구하기 어려운 곳에서는 인물이 되도록 노력하라 (Pirkei Avot 2:6).
- 지도자는 시대에 의해 탄생한다(Rosh Hashanah 25b)
- 사람은 공동체의 고난을 함께 나눠야 한다(Taanit 11a)
- 리더가 무엇을 하든 사람들은 그를 본받는다(Devarim Rabbah 2:19).

- 기분을 배려하는 거짓말은 사람을 항상 기쁘게 한다(Ketubot 17a).

가난/자선

- 쌀 단지가 바닥을 드러내면 다툼이 문 앞에 엎드린다(Baba Metzia 59a).
- 친구와 계속해서 사랑의 관계를 유지하고 싶거든 그의 이익을 위해 일하라(Derech Eretz Zuta, ch 2).
- 생계가 빠듯하다면 생계의 일부를 떼어서 반드시 자선하라 (Gittin 7a).
- 은밀하게 자선하는 자가 모세보다 더 위대하다(Baba Batra 9b).
- 자선은 위대하다. 구원을 앞당기기 때문이다(Baba Batra 10a).
- 드러내놓고 하는 기부와 봉사 활동은 죄악이다(Baba Batra 10b).
- 자선에 눈감는 자는 우상 숭배자와 다를 바 없다(Ketubot 68a).
- 100개를 소유한 사람은 200개를 가지고 싶어 한다(Kohelet rabbah 1:13).
- 부를 보존하는 방법은 그것을 나누는 것이다(Ketubot 66b).
- 가난한 자에게 따뜻한 말 한 마디라도 건네거나 이를 격려하

는 자는 모두 11가지 축복을 받는다(Baba Batra 9b).

- 가장 좋은 것으로 자선하라(Zebahim 116a).

고난과 축복

- 축복은 보이지 않는 것에 임한다(Taanit 8b).

- 고난이 인간의 모든 죄를 소멸한다(Berachot 5a).

- 고통을 통해 얻는 것이야말로 진실로 값진 보상이다(Pirkei
Avot 5:26).

악함/죄악/분노/회개

- 분노에 휩싸이면 제대로 사리분별을 하지 못한다(Sifre
Bamidbar 31:21).

- 죄악 된 생각이 죄악 그 자체보다 더 해롭다(Yoma 29a).

- 남보다 뛰어난 사람은 더 강력한 악의 유혹에 시달린다
(Sukkah 52a).

- 화내는 사람은 지옥의 모든 고통에 노출된다(Nedarim 22a).

- 목숨이 붙어 있는 한, 회개할 소망은 항상 있다(Yalkut shimoni,
kohelet 9:4).

- 유혹에 빠질수록 갈증이 심해지고, 갈증을 견딜수록 유혹에
서 빠져나온다(Sanhedrin 107a).

- 동료를 때리려고 손을 치켜든 사람은 사악하다는 말을 들어

도 싸다(Sanhedrin 58b).

- 권력을 남용하는 자는 권력에 의해 망한다(Yoma 86b).

- 이 세상에서 한 시간의 회개와 선행이 천국에서 영원복락보다 낫다(Pirkei Avot 4:22).

- 악한 성향은 처음에는 달콤하나 나중에는 쓰다(Yerushalmi, Shabbat 14:3).

- 뻔뻔한 얼굴에는 지옥이 예정돼 있다(Pirkei Avot 5:23).

- 회개를 위한 눈물의 기도는 하늘의 문도 열 수 있다(Berachot 32b).

험담/말의 힘

- 악마에게 틈을 내주는 말을 해선 안 된다(Berakhot 19a).

- 적게 말하고 많이 실천하라(Pirkei Avot 1:15).

- 좋은 걸로 치면 혀만 한 게 없고 나쁜 걸로 쳐도 혀만 한 게 없다(Vayikrah Rabbah 33:1).

- 이웃을 공공연히 모욕하는 자는 마치 이웃의 피를 흘리게 한 것과 같다(Baba Metzia 58b).

- 다른 사람의 흠결을 꼬집는 사람은 같은 흠결이 자신에게도 있음을 드러내는 것이다(Kiddushin 70a).

- 험담을 퍼뜨리는 사람은 누구나 개들에게 던져짐이 마땅하다(Pesachim 118a).

- 조롱하는 사람은 가난해질 것이다(Avodah Zarah 18b).

토라/학습/교육

- 100번 반복하는 것보다 101번 반복하는 것이 더 낫다 (Hagigah 9b).
- 가난한 집안에서 토라 학자가 더 많이 배출된다(Nedarim 81a).
- 고난의 때에 배운 한 가지가 번영의 때에 배운 100가지보다 더 낫다(Avot D'Rabbi Nathan 3:6).
- 젖을 빨고 싶은 송아지보다 젖을 빨리고 싶은 어미 소의 욕망이 훨씬 강하다(Pesachim 112a).
- 쉽게 흡수된 것은 쉽게 흘러나간다(Pesachim 30b).
- 부끄러워하는 자는 배울 수 없다(Pirkei Avot 2:6).
- 쉽게 화내는 자는 가르칠 수 없다(Pirkei Avot 2:6).
- 학생들을 가르칠 때는 되도록 간결한 말을 사용하라(Pesachim 3b).
- 누구라도 스승으로 모셔라(Pirkei Avot 1:6).
- 토라 학자들 간의 질투는 지혜를 늘린다(Baba Batra 21a).
- 세상은 오로지 학교 어린이들의 숨결에 의해서만 지속된다 (Shabbat 119b).
- 토라 공부와 노동의 병행은 죄를 잊게 한다(Pirkei Avot 2:2).
- 게으른 학생은 부지런한 학생 옆에 앉혀라(Baba Batra 21a).

- 일단 학습하라, 나중에 이해하게 되리라(Shabbat 63a).

지혜/현자

- 누가 현명한가? 모든 사람으로부터 배우는 자이다(Pirkei Avot 4:1).
- 지식 없이는 분별도 없다(Yerushalmi, Berakhot 5:2).
- 최선을 다했더니 해냈다고 하는 사람의 말은 믿으라(Megillah 6b).
- 고향에서는 이름, 타향에서는 옷차림이다(Shabbat 145b).
- 사자의 꼬리가 될지언정 여우의 머리가 되지 말라(Pirkei Avot 4:20).
- 사람은 한 곳에 모든 돈을 모아둬선 안 된다(Beraishit Rabbah 76:3).
- 일을 사랑하되, 권력을 미워하라(Pirkei Avot 1:10).
- 듣는 것은 보는 것에 미치지 못한다(Mechilta, Shemot 19:9).

율법/진리/원칙/계명

- 절체절명의 순간에도 자비를 바라는 기도를 멈춰선 안 된다 (Berachot 10a).
- 하늘은 스스로 돕는 자를 돕는다(Yoma 38b).
- 뿌린 대로 거둔다(Sotah 8b).

- 하늘의 대심판정에서의 첫 번째 질문은 "비즈니스를 믿음을 가지고 했느냐?"이다(Shabbat 31a).

- 하늘을 두려워하는 것 외에 모든 것은 하늘의 손에 달려 있다 (Berachot 33b)

- 모든 것은 예정돼 있으나 자유의지도 주어져 있다(Pirkei Avot 3:18).

- 심장은 행위를 따른다(Sefer haChinuch, 20).

- 부귀를 좇으면 부귀가 달아나고, 부귀로부터 도망치면 부귀가 뒤따른다(Eruvin 13b).

- 계율은 오로지 사람의 품성을 함양하기 위해 주어졌다 (Beraishit Rabbah 44:1).

- 생명을 구하는 것이 안식일 준수보다 더 중요하다(Shabbat 132a).

- 말 못하는 동물이라고 고통을 가해선 안 된다(Shabbat 128b).

- 죄악에는 대리인이 없다(Kiddushin 42b).

- 정결한 것에서 나온 것은 정결하고, 부정한 것에서 나온 것은 부정하다(Berachot 5b).

- 판사의 진실에 따른 올바른 판결은 이스라엘에 하나님의 임재를 부른다(Sanhedrin 7a).

- 돈은 부정한 사람들(Mamzerim)마저 정결케 한다(Kiddushin 71a).

- 행위가 생각을 바꾼다(Kiddushin 59b).

- 하늘은 선물을 주실 때 절반만 주시지는 않는다(Yoma 69a).

- 진실은 서고 거짓은 서지 못한다(Shabbat 104a).

유대인 주요 절기

유대인들은 1년 단위로 같은 절기를 반복해 쉰다. 각 절기는 유대인들의 역사적 사건과 깊은 관련이 있다. 그들은 기쁜 날보다 슬픈 날을 더 많이 기억한다.

안식일(安息日, Shabbat)

1주일에 한 번 일을 쉬고 천지를 만드신 창조주 하나님께 예배하는 날. 금요일 해지기 30분 전부터 토요일 해지고 30분 후까지 약 25시간 동안 진행된다.

유월절(逾越節, Pesach)

기원전(BC) 13세기 유대인들이 애굽(이집트)에서 탈출해 노예 생활에서 해방되어 자유를 얻게 된 것을 기념하는 절기이다. 이때는 집안과 사무실 등을 깨끗이 청소하고 하나님의 말씀(출애굽기 12:15-20)을 지키기 위해 누룩을 치우는 일도 함께한다. 청소를 마친 후에는 가족 전체가 둘러앉아 식사를 하며 출애굽의 이야기를 담은 하가다(Haggadah)라는 책을 함께 읽는다. 노예 생활의 고통을 상징하는 쓴나물과 누룩 없는 빵인 마짜, 포도주 등을 먹는다. 태양력으로는 3-4월경에 해당한다.

오순절(五旬節, Shavuot)

애굽(이집트)에서 탈출한 이후 50일 만에 시내산에서 하나님의 말씀인 토라를 받은 것을 기념하는 절기이다. 밀의 첫 수확을 기념하는 축제가 벌어지기도 한다. 태양력으로는 5-6월경에 해당한다.

초막절(草幕節, Sukkot)

광야에서 40년을 보낸 뒤 가나안 땅으로 가는 여정을 기념하는 절기이다(신명기 8:2-3). 수카(Sukkah)라는 초막을 집 마당에 짓고 그 안에서 7일간 먹고 즐기는 축제의 기간이다. 한 해 농사의 결실을 감사하는 추수 감사절의 의미도 담고 있다. 태양력으로는 9-10월경에 해당한다.

나팔절(喇叭節, Rosh Hashanah)

신년절이라고 부르기도 한다. 유대인들의 설날이다. 그리고 9일 뒤에 있을 대속죄일을 준비하는 기간이기도 하다. 가을 농작물을 마지막으로 거두게 되는 초막절의 시작이다. 나팔을 불어 하나님이 우주의 왕으로 취임하심을 기뻐한다고 하여 나팔절이라고도 한다. 태양력으로는 9-10월경에 해당한다.

속죄일(贖罪日, Yom Kippur)

나팔절(1월 1일)로부터 10일째 되는 날이다. 하나님께 지은 죄를 회개하고 금식하며 기도를 한다. 자기의 악행을 일일이 열거하며 자기의 결함을 곰곰이 생각해 보는 시간이다. 태양력으로는 9-10월경에 해당한다.

부림절(Purim)

기원전(BC) 5세기경 유대인들을 말살하려는 페르시아의 총리대신 하만의 계획을 부수고 생존하게 된 것을 기념하는 절기이다. 이날에는 이웃이나 친지들과 선물을 교환하기도 하고 포도주를 마시며 잔뜩 취해 놀기도 한다. 태양력으로는 2-3월경에 해당한다.

수전절(修殿節, Hanukkah)

기원전(BC) 160년경 유대교 신앙을 금지한 그리스 정권의 칙령을 거부하고 마카비 형제가 반란을 일으킨 뒤 승리하여 성전을 하나님께 다시 봉헌한 날을 기념하는 절기이다. '하누카(Hanukkah)'가 '재건'이라는 뜻을 담고 있다. 주요 공공건물에 촛대를 세워 불을 붙인다. 태양력으로는 11-12월경에 해당한다.

금식일(禁食日, Tisha B'Av)

기원전(BC) 580년경 바빌론에 의하여 그리고 서기(AD) 70년 로마에 의해 성전이 약탈당하고 불태워진 것을 기억하는 절기이다. 이날에는 성전 파괴를 슬퍼하며 하루 종일 금식을 한다. 아브월 9일이며 태양력으로는 7-8월경에 해당한다.

유대인 역사

이 내용은 주 이스라엘 대한민국 대사관에서 2015년에 작성한 이스라엘 역사 연표를 참고했다. 다만, 이스라엘 건국 이후 이 책에서 언급된 1973년 욤키푸르 전쟁까지만 다룬다. 이후 연표는 대사관 자료를 참고하길 바란다.

기원전(BC) 17세기-6세기 성서 시대

17세기 족장(아브라함, 이삭, 야곱)시대

13세기 출애굽

13-12세기 히브리 민족의 가나안 정착

1020 군주제 성립, 초대 왕 사울

1000 다윗 왕이 예루살렘을 수도로 정함

960 솔로몬 왕이 예루살렘에 성전 건설

930 유다 왕국과 이스라엘 왕국으로 분열됨

722-720 앗시리아에 의해 이스라엘 왕국 멸망

586 유다 왕국, 바빌로니아에게 정복됨, 예루살렘과 첫 번째 성
전이 파괴, 유대인 바빌론에 포로로 잡혀감(바빌론 유수(幽囚))

기원전(BC) 536-142 페르시아와 그리스 시대

538-515 바빌론으로부터 제1차 귀환, 성전 재건

332 알렉산더 대왕에게 정복당함, 그리스의 지배

167-164 그리스 통치에 대항한 마카비 반란(성공)

164-63 하스모니아 왕조(유대인 독립국가 시기)

63 로마 장군 폼페이가 예루살렘 점령

기원전(BC) 63 - 기원후/서기(AD) 313 로마제국의 지배

BC63-AD4 로마의 임명을 받은 헤롯왕 통치

4-30 나자렛 예수 활동

66 유대인 로마에 항거

70 예루살렘의 두 번째 성전 파괴됨

73 맛사다에서 유대인 최후 항전

132-135 로마에 대항하는 바르 코크바 반란(실패)

210 미쉬나(구전법 모음집) 완성

서기(AD) 313-636 비잔틴 지배

390 예루살렘 탈무드(미쉬나의 주해서) 완성

614 페르시아의 침입

서기(AD) 636-1516 중세시대

636-1099 아랍 지배

691 예루살렘 성전 터에 모슬렘이 바위 사원 건설

1099-1291 십자군의 통치, 라틴계 예루살렘 왕국

1291-1516 맘루크 지배

서기(AD) 1517-1917 오스만 제국 지배

1564 유대법전 '슐한 아룩흐' 편찬

1860 예루살렘 교외에 최초의 거주지 미슈케노트 샤나님 건설

1882-1903 러시아에서 제1차 대규모 이민(알리야)

1897 테오도르 헤르츨, 스위스의 바젤에서 제1회 시온주의자
회의 개최, 시온주의협회의 초석이 됨

1904-1914 제2차 대규모 이민(주로 러시아와 폴란드에서)

1909 최초의 키부츠인 드가니아와 최초의 근대적 도시 텔아비
브 건설

1917 영국이 오스만 제국의 팔레스타인 지배를 종식시킴, 영국
벨푸어 선언을 통해 '팔레스타인에 유대인 조국 건설을 보장'한

다고 약속함

서기(AD) 1918-1948 영국의 통치

1919-1923 제3차 대규모 이민(주로 러시아에서)

1920 히스타드루트(유대인 공동체 기관)와 하가나(자위대) 창설,
국가 평의회 구성

1921 모샤브 나할랄 창설

1922 대영제국, 국제연맹의 결의에 따라 팔레스타인에 대한 위
임 통치권을 부여받고 유대인 이민의 팔레스타인 정착을 촉진
하는 임무를 맡게 됨. 히스타드루트가 유대인 이민정책 문제를
실질적으로 관리함

1924 이스라엘 공업협회 창설

1924-1932 제4차 대규모 이민(주로 폴란드에서)

1925 예루살렘의 히브리 대학, 스코푸스산에 설립

1929 헤브론 유대인들이 아랍군들에 의해 학살

1931 유대인 지하기구인 에첼 창설

1933-1939 제5차 대규모 이민(주로 독일에서)

1936-1939 아랍군의 반유대 폭동 개시

1939 영국 백서, 유대인 이민을 제한

1939-1945 제2차 세계대전, 유럽에서 유대인 대학살 자행됨

1941 레히 지하운동 조직, 에첼에서 분리

1944 영국군 소속하에 유대인 여단 조직

1947 국제연합, 팔레스타인에 아랍과 유대인의 개별 국가를 건설토록 결정(아랍 측은 반대)

서기(AD) 1948-1967 이스라엘 건국, 독립 전쟁, 시나이 전쟁

1948 이스라엘 건국 선포(5월 14일), 영국의 위임통치 종료(5월 14일), 아랍 5개국 이스라엘 침공(5월 15일), 독립전쟁(1948년 5월 - 1949년 7월) 이스라엘 방위군 조직

1949 이스라엘과 이집트, 요르단, 시리아, 레바논(이라크는 제외) 간의 휴전협정 조인, 초대 크네세트(의회) 선출, 이스라엘, 국제연합의 59번째 회원국으로 가입

1948-1952 유럽 및 아랍 각국에서 대규모 이민

1956 시나이 전쟁(제2차 중동전쟁)

1962 아돌프 아이히만 처형

1964 국립 수로(水路) 완공, 갈릴리 호수에서 남부 불모지로 물 수송

서기(AD) 1967-1973 6일 전쟁 및 욤키푸르 전쟁

1967 6일 전쟁(제3차 중동전쟁), 예루살렘 재통합

1968-1970 이집트와 소모적 무력충돌

1973 욤키푸르(대속죄일) 전쟁

참고 문헌

『비즈니스 성공의 비밀』 김정완, 한국경제신문i

『랍비가 직접 말하는 탈무드 하브루타』 김정완, 한국경제신문i

『질문 잘하는 유대인 질문 못하는 한국인』 김정완, 한국경제신문i

『왜 유대인인가』 마빈 토케이어, 스카이출판사

『탈무드의 지혜』 마빈 토케이어, 도서출판 쉐마

『유대인의 고난의 역사교육』 현용수, 도서출판 쉐마

『부모라면 유대인처럼 하브루타로 교육하라』 전성수, 위즈덤하우스

『유대인 이야기』 홍익희, 행성비

『유대인 창의성의 비밀』 홍익희, 행성비

『13세에 완성되는 유대인 자녀교육』 홍익희, 한스미디어

『Insight: A Talmudic Treasury Vol.1 Feldheim』 Rabbi Saul Weiss, Philipp

Feldheim Incorporated

『Insight: A Talmudic Treasury Vol.2 Feldheim』 Rabbi Saul Weiss

『The Tzedakah Treasury Artscroll』 Rabbi Avrohom Chaim Feuer, Philipp

Feldheim Incorporated

『A Code of Jewish Ethics Vol.2』 Rabbi Joshep Telushkin, Harmony

『How to Keep Kosher William Morrow』 Lise Stern, William Morrow

Cookbooks

인용된 모든 성경 구절(개역 개정) holybible.or.kr

인용된 모든 탈무드 구절 Seferia.org

사진1 - photo by Taylor Wilcox from unsplash.com

사진2 - photo by Reuvenk from wikipedia.org

사진3 - photo by Nati Shohat from Flash90.com

사진4 - photo by Vitamina Poleznova from unsplash.com

사진5 - photo by Ed and Eddie from flickr.com

사진6 - photo by Tetiana Shyshkina from unsplash.com

사진7 - 출처 미상

사진8 - photo by Eli from from flickr.com

사진9 - photo by Taylor Brandon from unsplash.com

사진10 - photo by Laura Siegal from unsplash.com

사진11 - photo by Yoav Aziz from unsplash.com

사진12 - photo by Andrew Shiva from wikipedia.org

사진13 - photo by Sander Crombach from unsplash.com

사진14 - photo by RNW.org from flickr.com

사진15 - photo by Yoninah from wikipedia.org

사진16 - photo by Kyle Sorkness from Flickr.com

유대인 지혜의 습관
: 무엇이 그들을 강인하게 만들었는가

초판 1쇄 발행	2021년 4월 26일
지은이	김정완
펴낸이	김옥정
만든이	이승현
디자인	스튜디오진진
펴낸곳	좋은습관연구소
주소	경기도 고양시 후곡로 60, 303-1005
출판신고	2019년 8월 21일 제 2019-000141
이메일	lsh01065105107@gmail.com
ISBN	979-11-971769-7-5 (13300)

당신의 이야기, 당신의 비즈니스, 당신의 연구를 습관으로 정리해보세요.
좋은습관연구소에서는 '좋은 습관'을 가진 분들의 원고를 기다리고 있습니다.
메일로 문의해주세요.

네이버/페이스북/유튜브 검색창에 '좋은습관연구소'를 검색하세요.